北京市考古研究院

Beijing Institute of Archaeology

北京
重要考古发现

北京市考古研究院
（北京市文化遗产研究院）
编

2021—2022

文物出版社

图书在版编目（CIP）数据

北京重要考古发现 ：2021-2022 ／ 北京市考古研究院（北京市文化遗产研究院）编 ． —— 北京 ：文物出版社，2023.5

ISBN 978-7-5010-8010-6

Ⅰ．①北… Ⅱ．①北… Ⅲ．①考古发现 – 北京 – 2021-2022 Ⅳ．① K872.1

中国国家版本馆 CIP 数据核字 (2023) 第 055353 号

北京重要考古发现（2021—2022）

编　　者：北京市考古研究院（北京市文化遗产研究院）

责任编辑：黄　曲

书籍设计：特木热

责任印制：张道奇

出版发行：文物出版社

社　　址：北京市东城区东直门内北小街 2 号楼

邮　　编：100007

网　　址：http://www.wenwu.com

经　　销：新华书店

印　　刷：河北鹏润印刷有限公司

开　　本：787mm × 1092mm　1/16

印　　张：9.25

版　　次：2023 年 5 月第 1 版

印　　次：2023 年 5 月第 1 次印刷

书　　号：ISBN 978-7-5010-8010-6

定　　价：145.00 元

Important Archaeological Discoveries in
BEIJING

Beijing Institute of Archaeology
(Beijing Institute of Cultural Heritage)

2021-2022

Cultural Relics Press

目录

序

过去的两年，是中国现代考古学发展史上具有重要意义的历史节点。2021年是中国现代考古学百年华诞，习近平总书记高度赞扬了100年来砥砺奋进的几代考古人，在展现中华灿烂文明、坚定文化自信方面发挥的重要作用。2022年是中国现代考古学发扬先辈"筚路蓝缕、不懈努力"精神，继往开来创造辉煌的新起点。这两年，北京市考古研究院（北京市文化遗产研究院）认真践行习近平总书记关于考古工作的重要论述精神，围绕"一轴一城、两园三带、一区一中心"重点任务开展考古工作，共开展考古调查700项，完成考古勘探438项，勘探面积3067万平方米；考古发掘195项，发掘面积20.5万平方米，不断推动北京考古工作高质量发展，在史前、商周、两汉、魏晋南北朝、隋唐、辽金元、明清等各时期考古工作中均取得了重要新发现、新成果。

新石器时代考古有新突破。东老虎山遗址出土陶片可辨器形有双耳罐、钵、纺轮等，部分陶片具有雪山一期文化（距今约5500～4500年）特征。这是首次在平谷区发现雪山一期文化遗存，为研究北京地区史前考古学文化谱系提供了新材料。

商周考古有重要新发现。房山琉璃河遗址燕都城内新发现7处大型夯土水井和数处夯土建筑基址，城外新发现大面积西周居址。铜器铭文中召公建燕的史实，填补了传世文献中关于西周封国都城建造记载的空白，为北京地区三千年筑城史提供了最早的考古证据。丰台新宫发现的夏商周聚落遗址，是一处以大坨头文化遗存（夏代晚期遗存）为主体的环壕聚落，兼有早商和西周时期遗存，对研究早期北京具有极其重要的意义。通州后屯发现一批战国时期墓葬，墓葬分组明显、排列有序，距离路县故城遗址仅约850米，为探讨秦汉时期路县置县及路县故城始建年代提供了新的实物资料。

两汉时期考古又获新成果。路县故城城郊清理的两汉时期水井数量众多，分布密集，类型多样，出土器物丰富，是北京地区首次考古发掘出的汉代水井群。路县故城制陶遗址区和冶铸遗址区的发现，是首次在路县故城遗址周边发现的大规模冶炼及手工业遗存。平谷白各庄新发现的两汉时期墓葬群，对于认识北京东北部区域汉代文化面貌与家族内部构成等具有非常重要的价值，为准确区分与把握西汉中期、新莽时期和东汉初期等几个重要时间节点的文化面貌、衔接、过渡与转变的关键因素提供了重要的研究资料。前北营墓地发现了以两汉时期墓葬为主的墓葬群，尤其是新莽时期墓葬体现了过渡时期葬俗的鲜明特征，各个时期墓葬数量的多寡与城址始建、利用和衰落的时间段基本吻合。

辽金元至明清时期考古成果丰硕。光源里遗址发现的金中都建筑基址组群，很可能是金代皇家大觉寺遗址，该遗址对北京城市考古、金代建筑考古、金代陶瓷考古研究、金代庙制和礼制研究等均具有重大学术价值。正阳桥遗址明代镇水兽的发现为厘定明清时期正阳桥空间地理位置提供了精准坐标。万寿寺东路遗址的考古发掘，为研究明、清、民国时期万寿寺建筑的工程做法、形制提供了新的实物资料，进一步丰富了大运河文化带的文化内涵。清固伦和敬公主园寝的考古发现，为研究清代园寝工程营建制度、建造技术提供了重要的考古资料，出土的髹漆描金棺板上的藏文经文为了解清代贵族的藏传佛教信仰提供了实物资料。清华大学新化学馆发现的古桥及河道遗址为圆明园五园之熙春园、长春园外围河道相关遗存，为研究圆明园五园的布局、熙春园的位置、清代西郊皇家园林外围水系走向、水利工程的做法等提供了实物资料。

长城考古工作开创新局面。延庆柳沟西山长城遗址的发掘摸清了明代宣府镇南山边垣实心敌台的建筑形制，出土的"万历二年题名鼎建碑"明确了其营建时代，证明了长城防御体系由点状防御到链状防御的发展、演变过程。延庆大庄科长城遗址的发掘厘清了明代昌镇黄花路长城空心敌台的建筑规制，首次发现营建空心敌台开凿基槽的实例，也是第一次发现营建敌台前开凿自然山体的实例。昌平南口城、上关城护城墩遗址的发掘首次发现了"半地穴式"铺房遗址，丰富了铺房类建筑的类型，出土的明代早中期瓷片则为寻找明中期乃至早期居庸关关址、复原关城布局提供了线索。怀柔箭扣长城遗址，首次在敌台顶部铺房内发现明代火炕、灶址等生活设施遗迹，进一步丰富了长城遗存的文化内涵。

这些重要考古发现，展现了北京考古在全国考古工作中的重要位置，彰显了首善之区的责任与担当。北京考古人将不断探索未知，揭示人类文明发展的本源，发掘好、保护好首都历史文化金名片，为建设中国特色、中国风格、中国气派的考古学交上优异的北京答卷。

陈名杰

北京市文物局党组书记、局长

2023 年 3 月 30 日

平谷区东老虎山
新石器时代遗址

东老虎山遗址位于平谷区金海湖镇韩庄村北的山前台地上，南距泃河约 1 千米，东距上宅遗址约 2 千米，距平安洞遗址约 2.5 千米。2018 年至 2019 年，中国科学院古脊椎动物与古人类研究所进行平谷区史前遗址调查时发现该遗址。2021 年 3 月至 6 月，对该遗址进行第一次考古发掘，发掘面积 300 平方米。2021 年 9 月至 2022 年 1 月，进行第二次发掘，发掘面积 2200 平方米。

两次发掘主要在 3 条东北—西南向的自然冲沟内进行，即 G1、G6 和 G7，其中新石器时代文化堆积较丰富的是 G1，G6、G7 出土遗物较少。根据堆积情况、遗物磨损程度和初步的环境考古研究，推测这 3 条自然沟皆是受水流冲击而形成

的冲沟，其内包含的遗物也大概率为水流携带冲积至此。

以 G1 为例，介绍该遗址文化堆积。

G1 开口于第④层下，为呈东北—西南走向的天然沟，口大底小，剖面呈近"V"形，沟口边缘形态较明显，沟壁为斜坡状，较不规整，沟底呈东北高西南低的趋势。最宽处约 15 米，开口距地表深 1.50 ～ 1.65 米，深 3 ～ 6 米。

第①层，为耕土层，灰黄色土，较疏松，厚约 30 厘米。

第②层，黄褐色土，较疏松，包含少量瓷片和砖块，为近代堆积，厚约 80 厘米。

第③层，浅黄褐色土，较疏松，包含少量青花瓷片，为明清时期堆积，厚约 30 厘米。

发掘区域（上为北）

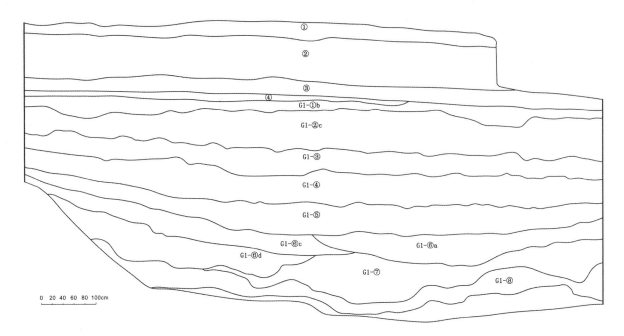

G1 堆积剖面图

第④层，深灰色土，包含少量酱釉和白瓷片，为金元时期堆积，厚约 15 厘米。该层分布不连续。

G1 ① b 层，灰黄色土，较疏松，包含有碎石块和陶瓷片，厚 15～40 厘米。该层分布于 G1 西部。

G1 ② c 层，灰褐色土，较疏松，包含有炭屑、烧土颗粒、勾纹砖块，为辽金时期堆积，厚 25～75 厘米。该层分布于整个 G1 内。

G1 ③层，浅灰色土，较疏松，包含有少量炭屑、红烧土颗粒、零星的陶片、石片和勾纹砖块等，为辽金时期堆积，厚 20～45 厘米。该层分布于整个 G1 内。

G1 ④层，浅红褐色土，较致密，包含有少量碎石块、打制石片、石核及陶片，厚 25～65 厘米。该层分布于整个 G1 内。该层及以下各层均不见晚期遗物，应为新石器时代堆积。

G1 ⑤层，灰褐色土，较致密，包含有红烧土颗粒、炭屑，以及少量打制石片、石核、陶片等，厚 20～60 厘米。该层分布于整个 G1 内。

G1 ⑥ a 层，浅黄色土，较致密，包含有少量的炭屑、烧土颗粒、打制石片、石核和陶片等，厚 20～55 厘米。

G1 ⑥ c 层，深灰褐色土，较致密，包含有炭屑和烧土颗粒，厚 0～40 厘米。该层分布于 G1 发掘区的西北部。

G1 ⑥ d 层，浅灰褐色土，较致密，包含少量炭粒、石片、陶片等，厚 0～65 厘米。该层分布于 G1 发掘区的北部。

G1 ⑦层，灰褐色土，较致密，包含有少量的石片、陶片等，厚 0～80 厘米。

G1 ⑧层，浅灰褐色土，较致密，包含有少量的石片、石核和陶片等，厚 0～70 厘米。该层下为黄灰色土，较致密，包含有较多细砂和粗砂，未见人工遗物，厚 0～50 厘米。该层最深处距地表已达 6 米。通过下挖解剖沟和勘探的方法，发现砂层之下为较厚的红色胶泥层和基岩，未发现人工遗物。

该遗址出土陶片以夹砂褐陶为主，其次是泥质红陶，部分夹砂陶片也夹云母，陶片均有明显的磨蚀痕迹。大多数陶片皆素面，个别夹砂陶片上饰有短竖划纹。陶片烧制火候不高，较疏松，陶色斑驳。出土陶片皆为碎片，其中腹部残片较多，其次是口沿和器耳，可辨器形有器耳、钵、纺轮等。初步判断，部分陶片的特征与雪山一期文化有相似之处。

G1 局部（上为南）

细石核　　石片

石片

石斧

发现的石制品包括石核、石片、工具、断块残片等多种类型。原料方面以燧石为主，另有少量石英。石核包括细石核和石片石核两类，工具有边刮器、端刮器、凹缺刮器、锯齿刃器等类型，修理方式为压剥法。该遗址的石制品显示了细石叶工艺和简单的石核－石片技术共存的特征。磨制石器仅见 1 件石斧。

通过本次发掘，首次在平谷区发现雪山一期文化遗存（距今约 5500～4500 年），进一步完善了平谷区史前考古学文化年代与文化谱系。

（执笔：孙浩然）

陶器耳

陶纺轮

陶器耳

陶器耳

陶器口沿

陶片

丰台区新宫
夏商周聚落遗址

新宫聚落遗址位于丰台区，坐落在永定河冲积平原，北距凉水河约 5 千米，2022 年北京市考古研究院发现该遗址并开展了抢救性考古发掘工作。该遗址总面积达 4.5 万平方米，2022 年发掘 8000 平方米，发现青铜时代环壕、墓葬、房址、灰坑以及战国至汉代墓葬、辽金

遗址发掘区（上为北）

同心圆遗迹（疑似祭坛，上为北）

时期道路、明清时期灶坑等不同时期遗迹单位300余处，出土有彩绘陶器、玉器、金器和铜耳环等重要文物。

环壕位于发掘区西部遗址核心地带，地势较周围略高，由内、外两重环壕组成。内壕平面形状大致呈环形，开口于第③层下，距地表深0.3～0.6米，平均宽度约18米，剖面呈深沟状，向外一侧壕沟壁较缓，向内一侧壕沟壁较陡，深约3米，

内环壕剖面

外环壕剖面

0　　1 米

0　　2 米

陶鬲（H74 出土）　　　　　　　　　　陶鬲（H302 出土）

陶鬲（H311 出土）　　　　　　　　　　石镰（H3 出土）

外径 70～72 米，内壕围合面积约 4000 平方米。受自然营力和人为活动影响明显，壕沟分层堆积，包含大量陶器残片、动物残骨、植物炭屑等，陶器可辨器形有鬲、盆、罐等。内壕内近中心位置发现一圜丘基址，开口于第③层下，向下打破生土层，其平面呈环圈形，内外三层同心相围，外径 7.9～7.95 米。不同环圈填土区分明显，并有分层夯筑现象。局部解剖出土有零星陶片和兽骨，夹杂有卵石，可辨陶器器形有鬲足。内壕围合范围内发现灰坑、窖穴、房址等遗迹，出土陶片、石器、兽骨、植物炭屑等，可辨陶器有鬲、盆、罐、尊等。外壕开口于第③层下，距地表深 0.5～0.7 米，平面大致呈环形，宽 8～12 米，剖面呈缓沟形，深约 4 米，外径 142～155 米，外壕围合面积约

1.7 万平方米。外壕分层堆积，堆积较内壕简单，主要为风积、流水分选积沙和人为活动填埋形成，出土陶片、兽骨、植物炭屑遗存等，可辨陶器有鬲、盆、罐、纺轮等。内、外壕之间发现房址、灰坑遗存，主要出土有陶片，可辨器形有鬲、盆、罐、尊、甗等。

墓葬区位于环壕的东南部，共发掘 24 座竖穴土坑墓。墓葬方向一致，基本为头东脚西，随葬器物主要为陶器，多随葬素面折肩鬲、宽沿折腹盆、钵、尊等器物，有置于头端者，也有置于脚端者。墓葬排列有序，显然经过统一规划。其中 M75 和 M77 显示了较高的等级和规格，墓中随葬有金耳环、玛瑙珠、绿松石串珠项链、彩绘陶等具有礼制意义的随葬品。

M75 全景

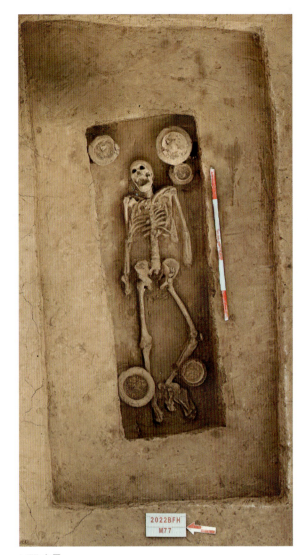

M77 全景

遗址东北侧发现河道 1 条，自西北流向东南，宽度超过 100 米，黑色淤泥沉积层深约 8 ～ 11 米。结合文献线索，这条河道或与永定河故道有关，为探索古永定河的变迁提供新的线索。

根据地层关系和器物年代特征，初步认为新宫遗址年代从夏商时期一直延续至明清时期，最重要的是夏商时期遗存。该遗址夏代晚期（二里头文化时期）至早商时期遗存最为丰富，属于大坨头文化或夏家店下层文化大坨头类型。主要包括一个由两重环壕围合而成的"圜丘"遗存，可能具有祭祀、防御性质。外面有一片与其同时的级别较高的墓地，出土大量陶器，器类组合清晰，尤其是 M77 出土的扣针形带翼喇叭口金耳环和 M75 出土的靴形足彩绘陶尊等重要文物，北京地

区尚属首次发现，反映了青铜时代燕山南麓和北方草原地区的文化交流，其文化因素以本地土著文化为主，兼受中原地区和欧亚草原文化因素的影响，为北京城区附近夏商周三代考古文化内涵提供了重要资料。

环壕聚落和同时期墓葬，是首次在北京旧城核心区附近发现的夏商遗存，对于探讨周代以前北京城的起源及其与周边文化的交流等问题提供了非常重要的资料。另外，在环壕内外及环壕上层发现一部分灰坑、窖穴、灰沟等遗迹，遗存多为底部，灰坑多见袋状圜底或平底，部分打破、叠压环壕，由文化地层看为环壕废弃后的遗存，出土陶器残片、陶纺轮、兽骨等，可辨陶器有鬲、盆、罐、豆、簋等，其器形、纹饰、

M73 出土陶器组合

M75 出土陶器组合

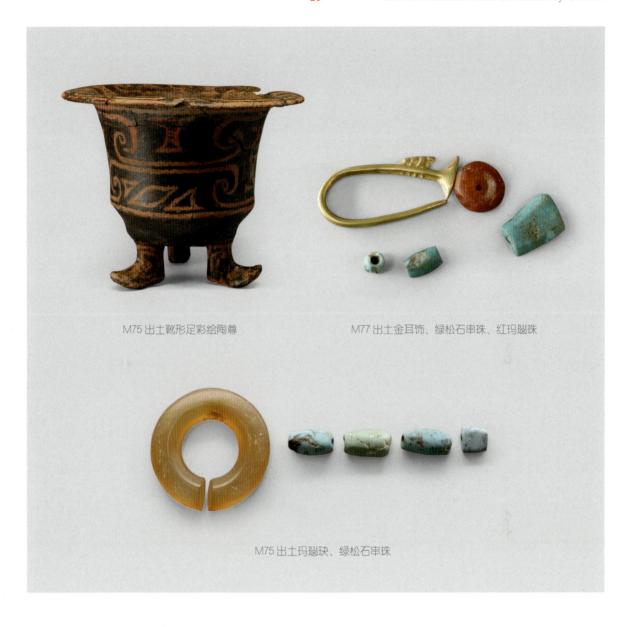

M75 出土靴形足彩绘陶尊　　　　　M77 出土金耳饰、绿松石串珠、红玛瑙珠

M75 出土玛瑙玦、绿松石串珠

陶质等与大坨头文化时期不同，年代相当于西周时期。该遗址西周时期的遗存与相距不远的旧宫同时期遗存，是除琉璃河遗址、白浮墓葬之外北京地区最重要的西周文化遗存，对于研究西周燕文化的形成具有重要意义。据传世文献记载，西周初期北京地区的封国主要有燕、蓟两国，蓟国都城经考证位于今北京城西南地区，新宫遗址的发现为进一步探讨、研究蓟国故地提供了重要的线索。

（执笔：韩鸿业）

房山区琉璃河西周遗址
2021 ~ 2022 年发掘收获

琉璃河遗址是西周时期燕国的都城遗址，位于房山区琉璃河镇。遗址位于拒马河支流大石河的北岸，西侧、南侧紧临大石河，遗存分布于河流围成的东西向台地之上，分布范围约5.25平方千米。遗址现存西周时期的夯土城墙、城壕、城内大型夯土建筑基址、祭祀遗存、手工业遗存、一般居址及城外墓葬等，城的南侧及南城墙为大石河所冲毁。

为深入阐释琉璃河遗址价值，提升北京市大遗址考古和研究水平，北京市考古研究院（原北京市文物研究所）联合北京大学、中国社会科学院考古研究所、首都师范大学、北京联合大学、北京考古遗址博物馆等多家科研院所，编制了琉璃河遗址长期考古工作和研究计划，自2019年起重启了琉璃河遗址的主动性发掘工作。

城内揭露大型夯土建筑基址1处，即二号夯土建筑基址（JZ2）。其位于城内中心偏北位置，距北城墙约150米，东距东城墙约340米。基址经探方发掘、整体揭露，东西宽约25米，已揭露面积约574平方米。夯土建筑被现代房基、灰坑严重破坏，现代遗迹清理后即暴露夯土，不见西周文化层，建筑原有的地面部分已不存，仅存地下夯土基础。夯土地基打破生土，应自当时的地面向下挖掘，再逐层填土夯打而成。夯土结构清晰，最厚处厚约2.3米，夯层厚6~10厘米，夯窝直径2~4厘米，夯打

迹象明显，疑为集束木棍所夯。夯土基础应是分块挖掘、夯打的，不同夯块之间用木板等材料相隔。遗迹的平面和剖面上均可见明显的分块版筑缝线，不同夯块之间存在打破关系，可判断营建次序。该建筑基址被西周中晚期灰坑所打破，其主体使用年代应不晚于西周中晚期。

二号夯土建筑基址位于城内核心区域，夯筑深度极厚、夯打质量上乘、夯块设计有序，夯筑质量和工艺与周原、丰镐等西周中心都邑一致，充分反映了以琉璃河遗址为代表的西周封国在大型建筑营建上的技术水平，为丰富琉璃河遗址城内认识再添重要材料。

城外北侧发掘西周平民墓葬9座。发掘地点位于董家林村北的112区。墓葬均为长方形竖穴土坑墓，墓向均向北，墓圹长1.8~2.8、宽0.6~1.1米。葬具均为单棺。墓主人骨均保存较好，可辨识者为三男三女；有一例俯身直肢葬，其余葬式均为仰身直肢葬；有一例未成年人，其余均为成年个体，其中一人有明显的脊柱侧弯现象。墓主多口含或手握数枚海贝。其中5座墓葬随葬有陶器，均置于棺外头端的二层台上，其中3座墓葬随葬陶鬲1件，2座随葬陶鬲、簋、罐各1件，年代均为西周中期。9座墓葬中有2座同时有腰坑殉狗和填土内殉狗，1座墓葬仅填土内殉狗。3座墓葬的随葬陶鬲内有未成年猪的左前肢骨。

这是城外北侧首次发现集中埋葬的西周墓

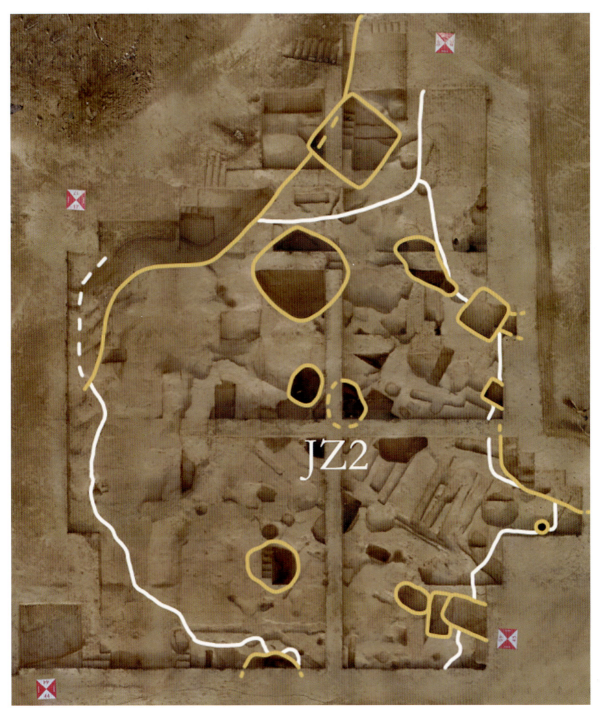

二号夯土建筑基址（JZ2，上为北）

二号夯土建筑基址（JZ2）剖面版筑痕迹

二号夯土建筑基址（JZ2）平面版筑痕迹

二号夯土建筑基址（JZ2）夯窝

地，墓葬中随葬品和殉狗、用牲情况指示墓主人的葬俗、族属或信仰。后续结合 DNA 测序分析，将为琉璃河遗址乃至西周平民墓地的形成过程、社会组织方式提供重要材料。

城外东南发掘西周贵族墓葬 5 座。发掘地点位于黄土坡村东北、京广铁路以东的 D15 区，编号为 M1901 ~ M1905。其中 M1901、M1903 分别为 20 世纪 70 年代所发掘的 Ⅱ M253、Ⅱ M251。5 座墓葬均为长方形竖穴土坑墓。M1901、M1903 为中型墓，M1902、M1904、M1905 为小型墓。墓向基本一致，头向北、略偏西。葬具均为一棺一椁。墓主人骨保存状况不佳，可辨识者葬式均为仰身直肢葬。M1902 的随葬品多置于棺椁之间，其余四墓随葬品多置于二层台上。

M1902 墓圹南北长 3.5、东西宽 2.1 米，墓口距地表 0.3 米，墓深约 1.5 米，方向为 352°。棺椁结构保存较好，棺木可辨识为松科松属木材，应为松木。墓主人体骨骼保存较差，初步鉴定墓主人约 40 ~ 45 岁，身高约 170 厘米，具有男性特征。

M1902 墓圹北侧有头龛，龛内有一大袋足无实足根陶鬲，鬲上发现羊肩胛骨 1 块、肱骨 1 块，头龛下方的二层台上发现羊尺骨 1 块、趾骨 2 块，应是在陶鬲上放置了一条羊的左前腿。椁盖板上有一整只殉狗，前腿缚于身后，与狗同出 1 件铜铃。椁底板之下有腰坑，腰坑内有殉狗 1 只。

M1902 随葬品多位于棺椁之间，特别是北侧棺椁之间的头箱位置。有铜尊、卣、爵、觯、鼎各 1 件，铜戈 2 件、短剑 1 件、圆饼形饰 1 件、钖 9 件、箭镞一组 10 件、骨镞一组 8 件，磨石 1 件，陶簋 1 件、鬲 1 件、罐 6 件，另有漆器 3 组和幼年羊骨 1 具。

其中，铜尊、卣、爵、觯位于头箱西北角，四件器物出土位置紧密相邻，各自被织物所包裹，另有一件红色织物覆盖于尊、卣、爵三器之上，应是成组下葬。铜鼎出土于头箱东南角，鼎内发现羊肱骨 2 块、椎骨 5 块，应是肉食。这 5 件铜器内均有铭文，铭文内容大体一致。

铜提梁卣中铭文可辨识，器盖和内底铭文相同，隶定为："太保墉匽，延襎匽侯宫，太保赐作册奂贝，用作父辛宝尊彝。庚。"铭文大意为太保（召公奭）在匽地筑城，在匽侯宫进行宴飨。太保赏赐给作册奂贝币，奂为他的父亲辛做了这件礼器。

这5件铜器在器形与纹饰上均具有典型的西周早期特征，铭文相同，书体一致，应为同批铸造。作册奂可能是一名为"奂"的史官，应为作器者也即墓主人。这篇铭文从一位史官的视角记录了"太保墉匽"的史实，从出土文献的角度证明了周初太保召公奭亲自到过匽（即今琉璃河遗址），并在此筑都。

M2214 全景

M2203 随葬陶鬲内的猪左前肢骨

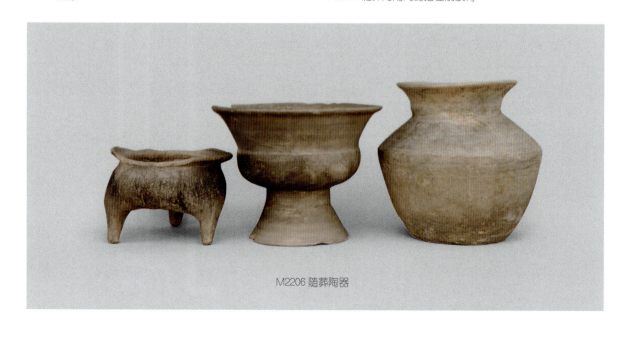

M2206 随葬陶器

M1902 全景

M1902 头箱内第二层随葬品

M1902 头龛

包裹作册奂铜卣的织物痕迹

作册奂爵柱旁织物纹饰

M1902 椁盖板上殉狗

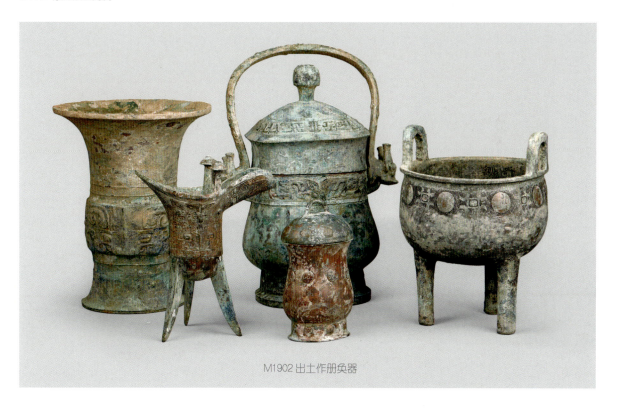

M1902 出土作册奂器

这篇铭文与 20 世纪 80 年代出土的克盉、克罍铭文可互为补充，是研究燕国早期历史的宝贵史料，不仅证明了燕国与中原的密切联系，彰显了燕国在西周早期的重要地位，更填补了传世文献中关于西周封国都城建造的空白，为北京 3000 余年的建城史提供了最早的实物证据，在世界城市史研究上具有独特价值。

（执笔：王晶）

作册奂鼎内羊骨

作册奂卣器盖纹饰

作册奂卣内底铭文

作册奂卣

作册奂卣器体与器盖

通州区后屯
战国至西汉墓地

后屯战国至西汉墓地位于通州区潞城镇北部，北距京榆旧线约 560 米，东距通怀路约 1000 米，南距通燕高速约 100 米，西侧紧邻东六环，东南直线距离路县故城遗址约 850 米，墓地中心地理坐标为北纬 39°55′41.0″、东经 116°42′54.1″。

2018 年 3 月至 2021 年 12 月，北京市考古研究院配合基本建设对墓地进行了考古发掘，共发掘战国墓葬 248 座、西汉墓葬 250 座。这批墓葬集中分布在墓地西南部、东北部两个区域，两个区域间距约 200 米。其中 2018 年 3 月至 2019 年 12 月发掘了西南区域，发掘战国墓葬 231 座、西汉墓葬 127 座；2021 年 7 月至 12 月发掘了东北区域，发掘战国墓葬 17 座、西汉

墓地东北区域局部（上为南）

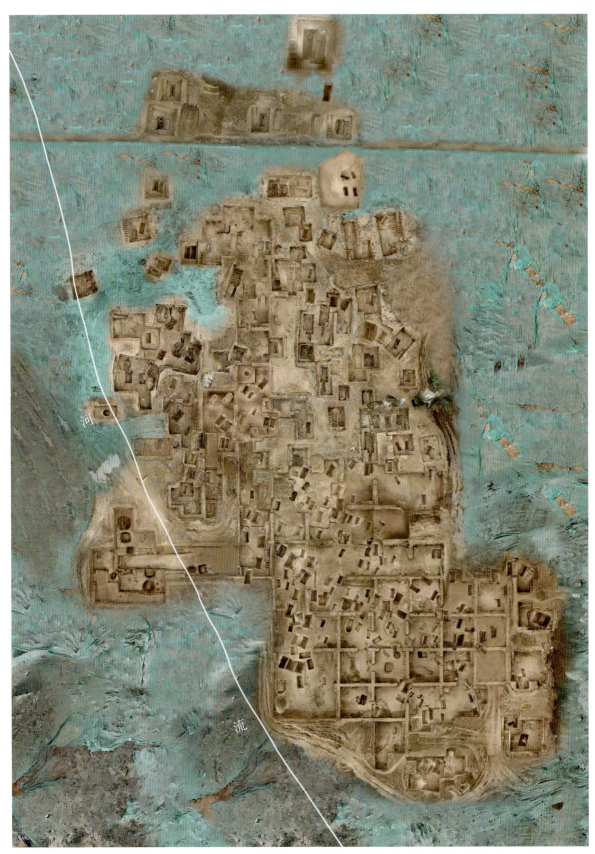

墓地西南区域全景（上为北）

M581 全景

M743 墓底（上为东）

M750 全景

墓葬 123 座。另在墓地西南区域西北部发现一条时代不晚于战国晚期的古河道。这处墓地是北京地区迄今发掘规模最大、揭露较完整的一处大型战国至西汉墓地。

西南区域墓葬均葬于一片北高南低的台地上，西侧有河流自西北向东南环流而过，存在西汉墓葬打破战国墓葬现象，鲜有战国墓打破战国墓现象。西汉时期河流已基本淤平，在淤积上部发现建有陶窑。东北区域墓葬葬于一片中间高四周略低的高地上。

战国墓葬均为长方形竖穴土坑墓，部分墓葬一端或一侧设置壁龛，个别墓葬还设置生土二层台（共有 14 座墓葬设置壁龛，2 座有生土二层台）。葬具有一椁两棺、一椁一棺和单棺，棺、椁皆为木质，绝大多数仅存朽痕，极少数或多或少残存棺板及椁板。葬式多为仰身直肢，少数仰身屈肢，头向除 4 座向东、2 座向南外，

其余均向北。依规模大致分为两类，第一类：坑长 3～4.6 米，葬具为一椁一棺或一椁两棺，随葬成组的鼎、罐、豆、壶、盘、匜（鬲）等陶礼器。第二类：坑长不过 3 米，由于墓坑窄小，有的仅在墓坑头端辟一小龛（壁龛），或设一生土二层台用于陈放随葬品，葬具为一椁一棺或单棺，随葬数件陶礼器，如壶、罐或鬲等，其中有些墓坑极为狭小，仅有一两件陶礼器或铜带钩，甚至无任何随葬器物。

248 座战国墓葬中共 116 座有随葬品，出土陶、石、铜、玉、骨等不同质地的文化遗物共计618 件。陶器居多，以泥质灰陶为主，另有少量的夹砂红陶、夹砂灰陶、泥质红陶；多为素面，少数装饰绳纹、戳印纹、三角纹、菱形纹、圆圈纹、水波纹、鱼纹、虎纹等；器形有鬲、鼎、豆、壶、盘、匜、罐、尊、簋等；鬲多为夹砂陶及红陶，其他器类多为泥质灰陶。铜器多为日常实用器或

M1046 全景

M725 全景

M961 全景

M977 全景

陶壶（M440 出土）

陶壶（M750 出土）

陶鬲（M581 出土）

陶豆（M369 出土）

M723 出土器物

目前北京发现的最成功的开颅手术。

250座西汉墓葬中共148座有随葬品，出土陶、铜、玉等不同质地的文化遗物共计522件。以陶器为主，多为泥质灰陶，少量夹砂红陶；多素面，少数装饰绳纹；器形有釜、鼎、盒、壶、罐、瓮、钵等。铜器多为实用器，器形有洗、镜、半两钱等。玉器多为饰件等物。

此次发掘的战国墓葬形制及出土器物均与怀柔城北东周墓葬极其相似，部分器物形制几乎如出一辙，由此判断这批墓葬的时代也应为东周，上限应不早于春秋时期，下限应不晚于战国晚期。这批墓葬，规模均不太大，分组明显、排列有序、相互打破关系极少、墓葬方向具有相对的一致性，基本可以判定这两处区域是有专人管理、按家族埋葬的墓地。西南区域的战国墓葬，出土器物组合分布有一定的规律性，出土带有浓郁燕文化特色陶鬲的墓葬多分布于墓地的中东部，出土鼎、

豆、壶、盘、匜的中原文化特色浓郁的墓葬均分布于墓地的西半部，这一现象不排除为不同家族墓地的可能性，同时也初步判断该墓地使用时间较长，由北向南，越往南年代越早。另有2座墓葬不仅出土陶鼎、豆、壶、盘、匜组合，还出土有陶鬲，这两个特殊实例，不排除是两种文化交融、碰撞而形成的可能性。

此次发掘的西汉墓葬形制及出土器物符合北京地区西汉墓葬文化特征。较战国墓葬形制、随葬品均有较大变化。墓坑长宽比更大；壁龛已不多见；夫妻合葬墓靠得更近（多存在打破现象）；家族墓分布更有规律，基本呈"一"字形排列，间距10～14米；随葬品中鬲、豆、尊、盘、匜等器基本消失，鼎、壶、罐的形制也与战国时期有明显差异；这些特征应为西汉时期墓葬葬俗的体现。

后屯战国墓地规模较大，且直线距路县故

M470 全景

M1000 全景

M1000 木棺

M1000 木棺铅饰

M1022 全景

M694 全景

M694 头骨开颅痕迹

城遗址仅约 850 米，大量战国墓葬似乎表明战国时期路县古城已兴建。从墓葬分布和器物组合情况来看，该墓地似由多个家族墓地构成。墓葬规模及随葬器物显示，这部分家族应为低等级贵族，但家族中也有身份较低的成员。西

汉墓打破战国墓的例子，与战国和西汉之间发生的巨大社会变革相吻合。此次发现为探讨秦汉时期路县置县及路县古城始建年代提供了新的实物资料。

（执笔：刘风亮）

M388 出土器物

M441 出土器物

通州区汉代路县故城遗址
2021 ～ 2022 年发掘收获

路县故城遗址位于通州区潞城镇的西北部、北京城市副中心行政办公区的北部，是一处以路县城址为核心、由城址本体（城墙、城壕及其围合区域）、城郊遗址区和城外墓葬区等构成的大遗址。路县故城遗址的考古发掘始于2016年北京城市副中心建设，截至 2022 年 12 月，北京市考古研究院已在其城郊遗址区发掘约 51000 平方米。路县故城遗址现为北京市重点文物保护单位。

在城郊遗址区的发掘中，共清理两汉时期的水井 231 口。水井数量众多，分布密集，且类型多样，出土器物丰富，是北京地区首次考古发掘出的汉代水井群。按建筑材质的差别，这些水井主要可以分为土壁水井、木构水井、陶井圈水井、

J13 井圹发掘

J13 清理完成

砖砌水井、砖木混构水井、砖瓦混构水井等。其中，木构水井最具有时代特征和建筑特点，四方形制，榫卯结构。以TLGBZJ13（以下简称J13）为例着重叙述。J13位于路县故城城郊遗址区的东南部，其几何中心点北距路城南城壕南岸约87米，距南城墙基址南边约172米，地理坐标为北纬39°54′40.19″、东经116°42′46.03″。实际发掘面积53平方米。

J13可分为外圹、内圹和木构井壁等，基本呈上圆下方、上大下小。

外圹开口于第⑥b层下，距地表深4.60～4.90米。外圹口平面近似圆形，东西向直径5.30米，南北向直径4.89米。外圹壁向下略内收，底径4.80～5.13米。外圹内填土为黄色，夹杂红烧土颗粒和炭屑，包含有少量夹砂红陶、灰陶片等。外圹打破生土。

内圹开口距外圹口深0.87米，平面近似方形，内圹口边长3.06～3.62米。内圹四壁向下斜直，近底略内收，底边长2.73～3.30米。壁面较光滑。内圹内填土主要为黄褐色，接近底部变为青黑色，

含沙量明显增多，并夹杂有少量胶泥块。回填土密实坚硬，未见夯打痕迹。回填土内出土1件夹砂红陶片和2件夹砂灰陶片，陶片均饰有细绳纹。

内圹中部为近似方形的木构井壁开口。井口四边有较明显的木材朽痕。井口边长1.18～1.32米。沿井口再向下清理0.59～0.63米后露出保存较好的木构井壁。井壁上口北边内长1.23、外长1.41米，南边内长1.22、外长1.37米，西边内长1.26、外长1.48米，东边内长1.27、外长1.41米。木构井壁残深2.14米，厚0.07～0.20米。井壁向下变宽，井底内边长1.44～1.47、外边长1.74～1.76米。井底距外圹口深3.88米。井底为青灰色细沙。

木构井壁残存木板，东壁8块、南壁8块、西壁7块及北壁9块。其中以最底层的木板最高、最厚且保存状况最好。木板的内壁较为光滑、平直，明显经过加工和修整。而多数木板外壁弧度明显且较为粗糙，尚保留有树皮。井壁主要用木板以榫卯方式搭建而成。东壁、西壁的木板左右两端多为方形或长方形卯眼，而南壁、北壁的木

J13 木构井壁木板

J13 井壁支护木桩

J13 外壁构件

板左右两端多为长方形凸榫。每层木板的卯口宽度大于榫头宽度，二者于交角处结合后的缝隙较大。每一面井壁的木板，除最上面的二至三层木板外，其余的木板上下两侧均各有 2 个长方形的相对应的卯眼，用单独的长条形榫插入卯眼以便固定，二者结合紧密。

在南壁内中部和西侧，紧贴南壁，分别有 1 件圆锥状木桩插入井底沙土内。在南壁外和西壁

外西南角，有 1 件圆锥状和 4 件长方形木构件（编号①～⑤），均经过人为加工、修整，用以加固井壁。

在清理井壁外侧中下部时发现苇束遗存，糟朽严重，不能提取。根据其痕迹，推测很可能分段、成捆堆放。此外，在井底未发现出水孔或泉眼，井壁上也未见渗水孔。

木构井壁内的填土为青黑色，黏性较大，含

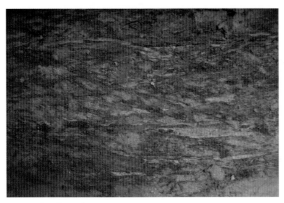

J13 井壁外侧苇束遗存

陶罐（J13：4）上指痕、指纹

有细沙。底部为青灰色沙层。填土内的中部和中上部出土木板残件、灰陶罐和大量灰陶残片等，底部出土半瓦当、木篦、铁锛等。

J13 内出土了基本完整或较为完整的器物共计 23 件，其中陶器 20 件、木器 1 件、铁器 1 件、半瓦当 1 件。2 件陶片带有戳印文。

鼓腹罐　19 件，均为泥质灰陶。根据颈部和腹部形态的差异，可分为 4 型。

A 型鼓腹罐　13 件。直口略侈，折沿，方唇，颈较直，溜肩，鼓腹，平底或小平底。外底有交错绳纹。其中一件鼓腹罐，即 J13：4，肩部和上腹部有数道弦纹，下腹部饰绳纹。肩部有 1 处双字戳印陶文。腹部有 1 处指痕和 3 枚指纹。

B 型鼓腹罐　1 件，J13：10。折沿，方唇，短直颈，深腹，小平底。颈部以下饰绳纹。肩部有 1 处单字戳印陶文。

C 型鼓腹罐　1 件，J13：21。侈口，尖唇，短颈，上腹鼓，下腹斜直，最大径偏于腹上部。肩部以下至中腹部饰弦断绳纹，下腹部及外底无纹饰。无陶文。

D 型鼓腹罐　1 件，J13：23。直口略侈，折沿，长颈，深腹。肩部以下饰绳纹，外底有交错绳纹。肩部及上腹部有多字戳印陶文。

另外，还有 3 件鼓腹罐的口部残缺。J13：5，肩部至上腹部饰弦断绳纹，下腹部饰绳纹。肩部有 2 个对称的圆形穿孔和 1 处戳印陶文。J13：15，残直颈，肩部至上腹部饰弦断绳纹，下腹部饰绳纹。无陶文。J13：22，平底。腹部饰绳纹。肩部至上腹部有 3 处戳印陶文。

折肩罐　1 件，J13：2。泥质灰陶。小直口微侈，沿面略外斜，短颈较直，斜折肩，腹壁向

下斜直内收，大平底略内凹。素面。颈部有 2 个对称的小圆形穿孔，两端稍宽、中间略窄。

木篦　1 件，J13：16。黑色。略残。篦齿。纵截面为锥形。柄部呈半圆形。齿细密。素面。

山云纹半瓦当　1 件，J13：24。半圆形。从当面底部中心伸展出双重山形纹饰，其上为不规则卷云纹，最外层是半周连续三角形纹，每个三角内均有 1 个内凹圆点。

铁锛　1 件，J13：25。体呈梯形，銎口略宽于刃部。銎口呈梯形。体一侧竖直，一侧斜直，单面弧形刃。銎内有朽木遗存。

19 件较完整的鼓腹罐中，有 14 件带有陶文。另外，还有 2 件带有陶文的器物残片。陶文均为阴文，按形成方式的不同，可分为两大类，一类是戳印而成，另一类是刻划而成，以前者的数量居多。戳印文多带有方形或长方形边框，字体规整。有单字陶文，如 J13：10，可释读为“亭”，边框边长 2.63 厘米 ×2.88 厘米。双字陶文数量最多，如 J13：4，边框边长 2.57 厘米 ×3.08 厘米；上下顺读，可释作“临姑”。多字陶文，如 J13：22、J13：23 等。刻划陶文仅有 1 件，J13：13，单字，可释读为“工”。

根据近年来路县故城遗址的发掘，第⑥ b 层为西汉早中期堆积。J13 外扩开口于第⑥ b 层下，因此其时代下限可定在西汉早期。J13 出土鼓腹罐，与北京白云观遗址、燕下都遗址和天津宝坻秦城遗址出土陶罐的形制基本相同，应为战国晚期至西汉早期。山云纹半瓦当与燕下都遗址、北京房山辛庄遗址、天津武清兰城遗址等出土半瓦当的形制、纹饰相似，应为战国晚期。根据出土

陶罐（J13：4）

陶罐（J13：10）

陶罐（J13：21）

陶罐（J13：23）

陶罐（J13：2）

木篦（J13：16）

山云纹半瓦当（J13：24）

陶罐（J13：13）上陶文

铁锛（J13：25）

陶罐（J13：10）上陶文

陶罐（J13：4）上陶文

器物，J13 时代上限可定在战国晚期。再结合井壁内的填土堆积和器物埋藏状况，推测该水井大体修建于战国晚期，废弃于西汉早期。

鼓腹罐是战国秦汉时期较为常见的一类陶器。这种鼓腹罐多为折沿，有较为明显的直颈，结合其具体的出土环境与遗迹性质，推断其很有可能是当时打水用的器皿——汲水罐。陶器上的戳印陶文，"古陶与古钵印近，有以钵成者，有刻者"，应是用某种材质的玺印钤成。这类陶文是"物勒工名"制度的产物与见证。对"物勒工名"的记载，最早见于《礼记·月令》："物勒工名，以考其诚。"孙希旦解之曰："勒，刻也。器之功致与否，一时未能遽辨，必用之而后见，故刻工名于物，于其既用而考之，则其诚伪莫能逃矣。"还见于《吕氏春秋·孟冬纪》："物勒工名，以考其诚。"高诱注曰："物，器也。勒铭工姓名著于器，使不得诈巧，故曰以考其诚。"可以说，这种陶文是陶器生产乃至流通过程中的一种检验结果和凭信。关于陶文所记的内容，"古陶文字不外地名、官名、器名、作者用者姓名与其事其数"。这批陶文，以戳印的"临姑"最多。"临姑"不见于以往著录或出土的陶文，推断应是地名，很可能是陶器制作、生产的地点，并与路县古城或者路县古城建城、置县前的名称有密切关系。"亭"为单字戳印，较为常见，也当为某地之"亭"制品的标记。如陕西凤翔南古城村遗址出土陶盆的腹底、山西侯马市虒祁墓地 M2289 出土陶罐的

下腹部均有"亭"字戳印，《十钟山房印举》也有收录。刻划"工"字陶文，见于燕下都遗址出土豆盘外壁、内底等。

目前所知北京地区最早的木构水井仅 1 例，见于房山区琉璃河西周遗址内；最晚的木构水井也仅 1 例，见于清代长春园含经堂遗址中；此次发掘的 J13 应为北京地区首例战国、西汉木构水井实物与木构建筑遗存。

木构水井和陶文，是路县故城遗址目前发现的最为典型的单体遗迹和文字资料，对于认识该城址的具体功能与历史沿革具有较为重要的价值。

（执笔：孙勐）

陶罐（J13：22-2）上陶文

通州区汉代路县故城遗址
手工业作坊区
2022 年发掘收获

路县故城遗址制陶遗址区和冶铸遗址区的发掘与清理，对于了解和认识路县故城手工业生产以及城郊遗址区的功能与分区具有重要作用和价值。

制陶遗址区位于路县故城城郊遗址区东南部，北距南城墙约 510～540 米，距南城壕约 475～505 米，西邻临镜路，南为兆善大街。制陶遗址区主要由陶窑、窑址与同时期的房址、窖穴、水井、灰坑、灰沟、踩踏面、生土台等遗迹构成。其中，水井 2 口，分别位于遗址区东南和东北，一为土圹井，一为陶圈井，后者由内外两层陶圈一次性垒建而成，是北京地区首次发现。房址和窖穴有圆形、方形、长方形三种形制，壁面光滑，有的地面经过人工处理。生土台位于遗址区西北，平面呈长方形，台面高出遗迹开口约 0.25～0.45 米。陶窑 2 座、窑址 1 座（编号分别为 2022TLGY6、Y8 和 Y7）为该遗址区的核心遗迹，大体呈东西向排列，相互间距为 0.40～1.85 米。

Y6，方向 14°。平面近似"中"字形，主要由火膛、窑室和烟道组成。火门位于北部，基本被灰坑（H1430）破坏。该窑残长 2.27～2.71、残宽 0.41～1.41 米。火膛平面呈长方形，南北残长 0.89～1.21、东西宽宽 0.47～0.69、残高 0.51～0.96 米。周壁向下斜直内收，青灰色烧结面厚 0.05～0.06 米。火膛平底，低于窑床 0.67 米。窑室平面呈倒"凹"字形，长 0.98～1.60、

宽 1.10～1.41 米。周壁垂直于窑床，残高 0.11～0.26 米，青灰色烧结面厚 0.04～0.07 米。烟道位于窑床南侧正中，平面呈梯形，东西宽 0.32～0.40、南北进深 0.60 米。周壁垂直于底面，红烧土厚 0.05 米。底部为斜坡状，南端高出窑床 0.05 米。火膛内堆积最丰富，可分两层：上层为灰褐色土，包含黑灰、炭粒、红烧土块、陶器残片等，厚 0.21～0.61 米；下层为黑灰色土，包含大量黑灰、炭粒和陶豆残片等，厚 0.30～0.35 米。

Y7，方向 25°。主要由操作间、窑门和窑室组成。南北通长 3.45～3.51、东西宽 1.35～2.21 米。操作间平面呈长方形，东西长 2.18～2.21、南北宽 1.57～1.63、残存深度 0.49～1.04 米。四壁呈弧状向下内收，圜状底。东北角有一级台阶，平面呈长方形，有踩踏痕迹，南北长 0.80、东西宽 0.35 米。窑门为过洞式，立面近似长方形，东西长 0.39、高 0.34、进深 0.54 米，高于窑室底面 0.78 米。其顶部为生土，残存厚度 0.66 米；其底部为青灰色烧结面，厚 0.54 米。窑室残存口部平面呈圆角方形，西南部被灰坑破坏，边长 1.42～1.45、残高 0.78～1.61 米。周壁向下内收，上部内侧均为熔融的琉璃态；下部为青灰色烧结面，厚 0.08～0.10 米。平底，呈长方形，南北长 1.59、东西宽 0.84 米，接近周壁处有明显的青灰色或黑红色烧结面，中部为生土。窑室内堆积最丰富，可分四层：第①层厚 0.36 米，灰褐色土，土质

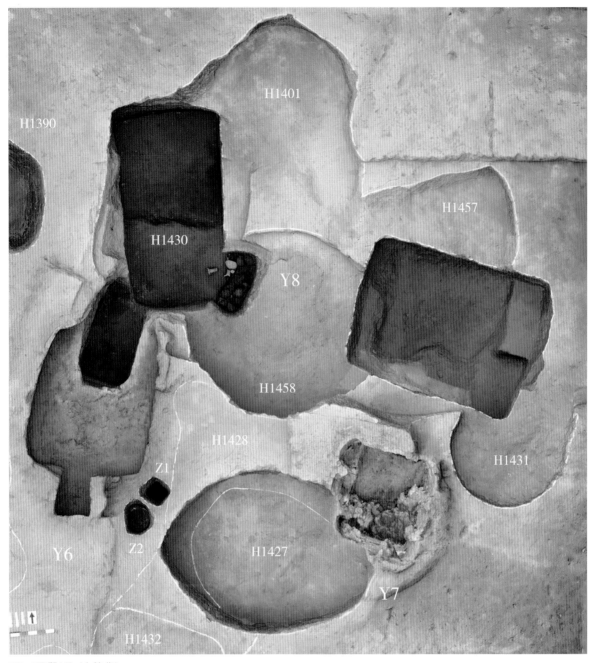

Y6、Y7和Y8（上为北）

疏松，包含黑灰及炭粒、泥质灰陶片、小块炉壁
残块等；第②层厚0.41米，黄褐色土，土质较硬，
包含炭粒、红烧土颗粒及陶豆残片、小块炉壁残
块等；第③层厚0.25米，黑褐色土，土质疏松，
包含黑灰、炭粒、小块炉壁残块等；第④层厚0.59
米，黑色土，土质疏松，包含大量黑灰和大块炉
壁残块等。

　　Y8，方向294°。已被严重破坏，仅存火膛
东部、窑床和烟道底部，平面近似"凸"字形。
残长1.24～1.37、残宽0.14～1.03米。火
膛平面呈梯形，上大下小，东宽西窄，东西残
长0.38～0.43、南北残宽0.58～0.74米。周
壁向下斜直内收，青灰色烧结面厚0.04～0.06
米。平底，距窑床深0.49米。窑床平面呈弧边梯形，

Y7

Y7

Y7 窑室内壁上部

东西残长 0.61～0.72、南北残宽 0.74～
1.03 米，青灰色烧结面厚 0.04 米。烟道平
面呈梯形，南北残宽 0.14～0.21、东西
进深 0.11 米，平底，红烧土残存厚度 0.02
米。火膛底部有陶豆 4 件、豆盘 4 件和小
陶罐 3 件。

　　Y6 和 Y8 中出土器物及残片共计 230
余件，其中陶豆及其残片的数量约占总数
的 90%，其余则为红陶釜、灰陶罐、板瓦
等残片。

　　陶豆　4 件，均出土于 Y8 火膛内。泥
质灰陶。根据盘和柄部的形制，可分为两型。
A 型 3 件，标本 Y8：1，敛口，圆唇，浅盘，
弧壁，圆柱状柄较长，圈足，足墙为直壁。
素面。口径 13.4、足径 8.1、通高 15.8～
16.1 厘米。B 型 1 件，标本 Y8：3，侈口，
方唇，平沿，深盘，弧壁，圆柱状柄较短，
圈足，足墙略向内斜。素面。口径 16.6、
足径 9.2、通高 14.9～15.1 厘米。

　　小陶罐　3 件，均出土于 Y8 火膛内。
泥质灰陶。标本 Y8：5，侈口，尖圆唇，
沿面较宽、低于唇部，短束颈，深腹略鼓，
平底。腹部有数道凹弦纹。口径 5.8、腹径
8.9、底径 6.8、通高 11.9 厘米。

　　陶豆残片　均为泥质灰陶。按其柄部

Y7 窑室西南内壁底部

Y7 内底

陶豆（Y8 出土）

小陶罐（Y8 出土）

陶豆柄（Y6 出土）

陶豆盘（Y6 出土）

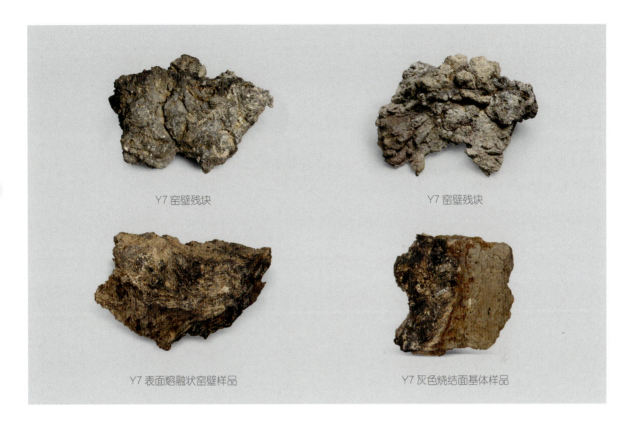

Y7 窑壁残块　　　　　　　　　　　　　　Y7 窑壁残块

Y7 表面熔融状窑壁样品　　　　　　　　　　Y7 灰色烧结面基体样品

的差别，可分为长柄豆与短柄豆两型；依其豆盘的差异，可分为深盘豆和浅盘豆两型。以柄和盘为综合统计对象，这些残片至少可以分属于 85 件陶豆个体。截至目前，在路县故城遗址发掘中，Y6 和 Y8 是出土陶豆数量最多的遗迹单位。再结合 Y8 火膛底部集中发现的陶豆，可推断 Y6 和 Y8 是两座以烧制陶豆为主的陶窑。

Y7 的形制与结构不同于 Y6 和 Y8，较为特殊。该窑的一个显著特征就是窑壁内侧表面呈大面积玻璃态熔融状，窑室内数量最多的遗物是表面呈玻璃态的窑壁残块。不包括周壁上的遗存，仅窑室内出土的表面呈玻璃态的窑壁残块重量就达 21 千克。这种窑壁内呈明显玻璃态熔融状窑炉，其窑内温度要明显高于制陶或砖瓦所需的温度。通过观察，熔融状窑壁主要出现在窑室上半部的灰色烧结面表面，窑室下半部窑壁尚未出现熔融状表面，仍为灰色烧结面基体。通过取样检测，二者平均成分基本一致，因此可以说明，熔融状窑壁应为窑内温度过高，窑壁自身融化形成。而仅上部窑壁出现熔融现象，应为窑室内温度上下不均所致，造成这种现象的原因与窑炉内空气流

动、燃料堆放等多方面因素有关。窑内出土物较为单一，均为窑室底部出土的窑壁残块，多为熔融状，推测窑室上部被破坏坍塌堆积于窑底。综合而言，Y7 较为特殊，暂时称作窑址较为合适，具体功能还有待于进一步研究与分析。

陶窑、窑址与同时期的房址、窖穴、水井、灰坑、灰沟、踩踏面、生土台等均开口于西汉时期的第⑥层下。结合陶窑形制、出土陶器等，初步推断这些遗迹的时代为西汉早中期。根据遗迹间的关系和出土器物，初步推断 Y8 年代相对最早，Y6 稍晚于 Y8，Y7 相对最晚。

根据发掘区内的小地貌，此次清理的西汉时期制陶遗址区位于一个西北稍高、东南略低的缓坡上。其南部约 50 ～ 80 米为河漫滩地和古河道。这种环境有利于制陶手工业生产的开展。

以往在城郊遗址区范围内发现的窑址及相关配套遗迹均为东汉时期，且位于距离城墙更近的北部区域。而此次清理的遗址区位于城郊遗址区的南部边缘，初步推断两汉时期路县故城城外手工业作坊经历了一个由南向北发展的过程。

战国秦汉时期制陶作坊遗址区的发现，主要

冶铸遗址区（上为北）

有河北午安汲午古城、徐水南白塔遗址和辽宁辽阳三道壕遗址等。这些遗址，以陶窑或成组的陶窑为核心，还有水井、水池、房址、灰坑、活动面等与陶器制作、烧制、存储等密切相关的遗迹。以往北京地区汉代考古之中，窑址或陶窑发现的数量较多，但是与陶窑相关的其他制作或生产性遗迹发现较少，也就是说能够构成一处较为完备的、具有一定系统性的制陶作坊遗迹区的发现较少。此次发掘是路县故城遗址首次发现西汉时期制陶遗迹，并且具有基本完备的附属设施，可视作一个手工业作坊区。这不仅对认识整个作坊区的结构、布局及变迁有着重要价值，还对从时间序列和空间分布上认识城郊遗址区的功能、性质的演变与发展具有重要作用。

炉壁残块　　　　　　　　　　　　　　炉渣

鼓风管残块　　　　　　　　　　　　　陶范残块

冶铸遗址区位于路县故城遗址西城墙向南的延长线上，距离南城墙约 260 米，城郊遗址区内的西南部。该处遗址地层堆积较为连续，以两汉时期遗存为主，可延续至明清时期。

根据地层分布及出土遗物，西汉时期遗迹发现于第⑥层下，东汉时期遗迹发现于第⑤层下。共发掘清理两汉时期房址 8 座、水井 5 口、道路 2 条、沟 3 条、灰坑 350 余处。房址均为方形半地穴式，内建有灶，东汉时期灶多用砖修建。水井形制较为多样，平面形状可见方形、圆形，西汉时期井圈以木质、陶质为主，东汉时期井圈多用砖，也可见砖、木混合使用的情况。井内出土的盛水器具也形制多样。

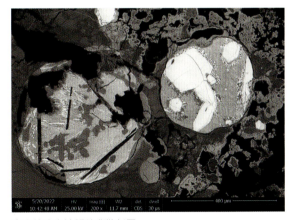

出土炉渣生铁颗粒背散射图

出土遗物以陶器为主，同时发现少量铁器、铜器、石器等。陶器多见泥质灰陶罐、盆、豆，夹砂灰陶瓮，夹砂红陶釜、盆和泥质红陶盆等；铁器多已残碎且锈蚀严重，器形难辨，多为小型手持工具，仅集中出土的数枚六角承（釭）保存较好；铜器有熨斗、箭镞等。

尤为重要的是，在两汉地层及灰坑中较为集中地出土了一定数量的炼渣、炉壁、鼓风管、陶范残块等冶铸相关遗物，因未发现炼炉等遗迹或工作面，判断这类出土遗物为二次搬运堆积而来，推测该处遗址附近应存在一定规模的手工业冶铸区。根据出土遗物地层判断，冶铸活动从西汉延续至东汉。通过陶范形制判断，主要以铸造手工工具为主。结合炼渣检测结果判断，本次发现的手工业遗存性质是以生铁为原料进行的铁质工具铸造，目前尚无法判断是否存在生铁冶炼活动。这是首次在路县故城遗址周边发现大规模的冶炼相关手工业遗存，这为研究汉代路城地区手工业发展、经济发展提供了重要资料，也为初步判断和继续探寻两汉时期路县故城冶铸区的功能和分布提供了重要依据和线索。

（执笔：孙勐、申红宝）

平谷区白各庄汉代墓葬群
2021 年发掘收获

白各庄汉代墓葬群位于平谷区西南部，东邻鲁韩路，北邻白各庄西路，西为崔杏路，南为平谷大街，其东部为洵河的最大支流泃河。2021 年 2 月至 5 月，北京市考古研究院在该区域内清理两汉时期墓葬共计 130 座，是平谷区规模最大的一次汉代墓葬的考古发掘。

墓葬分布较为集中，根据墓葬间的距离，可以看出其内部有较为明显的分区、分组现象。墓葬的方向一致，均为南北向。根据墓葬的形制和建筑材质，主要可以分为土坑墓、砖框墓与砖室墓三大类，前者的数量较多，保存基本完整；后二者的数量相对较少，均遭到晚期破坏。

土坑墓可分为两类，一类不带墓道，平面呈长方形；另一类带墓道，平面呈刀把形。前者最为常见，从形制上延续了战国时期（或者战国以前）一般墓葬（指非高等级墓葬）的传统。不过，墓坑内没有（生土或熟土）二层台，也不见壁龛。后者出现的时间较前者要晚，墓道偏于墓坑边壁的一侧，没有居于正中。墓道平面可分为长方形和梯形，多数为斜坡状，长度较短；少数是前端为台阶，剩余部分为斜坡。墓道的出现，是土坑墓中的新因素，最直观的现象就是墓葬本体形制的改变和构成部分的增加。相应地，这种新因素的出现，一方面伴随着墓葬营建、墓主安葬方式的变化，另一方面则表明"墓道"的功能与观念

在这一时期墓葬中的出现和突显。从形制上与构成上讲，土坑墓中墓道的出现，尽管其所受影响的具体来源并不清楚，但可以肯定的是至少影响了后来普遍出现的砖室墓。

砖室墓均带墓道，且都有明确的用青砖封堵的墓门。"墓门"无论是作为墓葬的组成部分还是葬俗观念，可以说在砖室墓中已非常明确。"甬道"作为伴随砖室墓而出现的一种新的因素，是一种墓道与墓门、墓室之间相接并连通的重要组成部分与建筑空间。相较于土坑墓，由于建筑材质的变化——砖的使用，使砖室墓墓室的空间普遍增大，特别是高度明显增加与墓顶的弧形化。砖室墓均为单室，未见多室墓。墓室内有较为明显和复杂的空间功能的分隔与区别，这表现为地面高度的差异、墓砖铺设方式的不同、器物与葬具的位置关系等。墓室后部砌砖台，砖台上有木棺（痕迹），砖台下放置随葬器物。这种墓中建筑与葬具、器物的位置关系，应与室内空间功能与利用的划分有直接关系。单室墓均遭后期严重破坏，墓顶无存，与墓顶形状相关的砖壁也保存不多，尽管如此，墓顶的材质与形状也是需要加强注意的重要方面。简单地说，墓顶用砖还是用木，平顶还是券顶，都需要予以考虑，这不仅仅涉及墓葬的形制，还与建筑技术的发展与应用有着密切关系。

从可进行有效统计的墓葬来看，单人葬的

墓葬均为土坑墓。由于保存状况的限制，砖室墓中是否有明确的单人葬目前并不清楚。合葬墓则以双人合葬的情况居多。双人合葬墓中，土坑墓均为同穴双人合葬；有木椁者，墓主和木棺同在一椁之内；无木椁者，则两棺并列。单室砖墓双人合葬的现象比较清楚，均为双棺并列。双人合葬很可能多为夫妻合葬，这说明以夫妻为核心的家庭是当时最基本的社会组织。三人合葬墓仅有一座，应是分两次下葬，第一次下葬两人，第二次下葬一人。砖室墓的地下空间明显扩大，相应的功能明显增多，特别是双室、多室墓，为多名家庭成员合葬在客观条件上提供了实现的条件与可能。

土坑墓的葬具多为木椁、木棺，或者只用木棺。椁均为单椁，木椁几乎占据了墓圹内的全部空间。仅用木棺者，没有头箱。无论单人墓还是双人合葬墓，有头箱的墓葬，头箱仅1个。椁有盖，而头箱均未见有盖的遗痕。在墓坑内发现回填大量瓦片或陶片的墓葬并不多见，且在本地区汉代之前的墓葬中没有发现，是属于防盗防破坏的一种措施，还是归于一种特殊人群的习俗？有待进一步研究。砖室墓中只见用棺，未见用椁。一种可能是用椁的观念或习俗逐渐减弱，另一种可能是砖的使用替代了椁的功能。

白各庄汉墓各墓随葬器物的数量（铜钱不计算在内），土坑墓一般在5～10件（组）左右，砖室墓则通常在5～15件（组）左右。无论土坑墓还是砖室墓，出土器物中陶器的数量最多，铜器和铁器等并不多见。墓葬中出土

墓葬分区、分组情况（上为西）

土坑墓 M129

土坑墓 M2

同一类型器物，特别是质地、形制和纹饰等基本相同的器物在数量上有相当的稳定性，尤其是土坑墓中的陶罐、陶壶和陶盒等。土坑墓，除个别墓葬未见随葬陶器，其他墓葬的器物组合基本上是以陶罐、壶、盒或罐、鼎、壶为主，陶罐是最核心的器物。土坑墓中也开始出现陶井、灶、案、耳杯等器物。砖室墓中，随葬器物多为陶罐、壶、耳杯、樽、盆、盘、案、奁、模型明器如灶、井、灯、厕所、仓楼以及猪、鸡、狗等动物俑。

从空间相对位置来看，白各庄汉代墓葬群位于西汉大司马霍光封地博陆城城址的南部，二者直线距离在 800 米到 1000 米之间；且该处墓葬群年代与博陆城城址的始建、兴衰年代基本同时。综合空间和时间的相互对应关系，推断白各庄汉墓群应是以博陆城城址为核心的一处墓葬群。墓主人的头向均朝向北方——即博陆城所在的位置，也可证明这一点。白各庄汉代墓葬的方向一致、排列有序，可依据其相互间的距离、彼此的年代差异以及出土随葬器物的种类和形制等，对整个墓葬群内部进行分区、分组等更为细致的划分，从而对应并考察本地区家庭、家族等的人员数量与构成等情况。白各庄汉墓中出土的一些陶器，在形制、纹饰和制作工艺等方面表现出了极富本地区文化面貌的特点，如三足陶壶、几何形图案组合装饰等，为探讨汉代北京东部地区、构建渔阳郡郡域内考古学文化面貌和物质文化构成提供了重要的可靠资料。此外，这些墓葬也为准确区分与把握西汉中期、新莽时期和东汉初期等几个重要汉代考古时间节点的文化面貌、衔接、过渡与转变的关键因素提供了重要的研究资料。

（执笔：曹孟昕）

土坑墓 M5

2021PBM11

土坑墓 M11

砖室墓 M14

砖室墓 M17

陶壶（M5：13）

陶壶（M120：4）

陶罐（M19：1）

陶瓮（M22：1）

陶盒（M51：3）

陶猪圈（M14：10）

陶仓（M42：3）

陶灶（M14：14）

人物陶俑（M91：2）

铜印章（M17：14）

研石和研板（M21：6）

通州区前北营汉代墓葬群
2021 ～ 2022 年发掘收获

自2018年起，为配合城市基本建设，北京市考古研究院在通州区潞城镇前北营村开展了大规模考古调查、勘探及考古发掘工作，发现了一处以两汉至魏晋时期墓葬为主的墓葬群。该处墓葬群位于汉代路县故城东南约1.7千米，应属汉代路县故城城外墓葬区的一部分。发掘区所在区域地势东北略高于西南，西南侧有古河道自西北方向流经此地。各时期地层连续且完整，多以冲积层及淤积层为主。

目前发现的西汉墓葬年代为西汉中期至晚期，其中西汉中期及偏晚墓葬开口于第⑦层下，西汉晚期墓葬开口于第⑥层下。墓葬形制均为竖穴土圹墓，葬具以木棺、木椁为主，仅发现少量瓮棺葬，异穴合葬现象较为常见。葬式多为仰身直肢。随葬品多为陶器，器形以鼎、罐、壶、盒为主，个别墓葬有小型玉器随葬，仅有1座墓葬

西汉时期木棺墓 M95

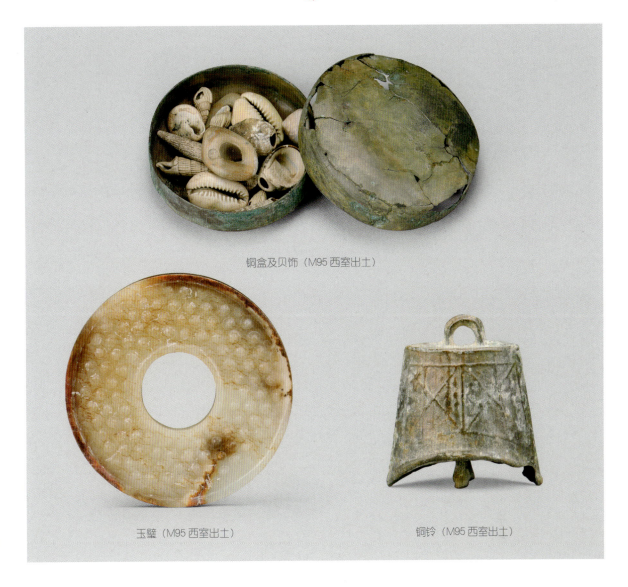

铜盒及贝饰（M95 西室出土）

玉璧（M95 西室出土）　　　　　铜铃（M95 西室出土）

随葬铜器。根据葬具形制，可分为 A 型木棺墓、B 型木椁墓。其中，A 型墓葬葬具仅有木棺，鲜见有随葬品。B 型墓葬葬具为一棺一椁，随葬品多出土于墓主棺外头端的椁室内，也有个别墓葬随葬品出土于墓主棺外身侧的椁室内。B 型墓葬根据椁室长短或宽窄可分为不同亚型。根据墓葬形制及出土器物判断，已发现的西汉墓葬墓主身份绝大部分为平民，但根据葬具、随葬器物组合不同，仍可认为不同墓葬有一定等级差异。

A 型墓葬以 M95 为例，长方形竖穴土圹异穴合葬墓，南北向，由东、西两个墓室组成。东墓室平面近长方形，斜壁，墓口长 2.90、宽 1.64～1.70 米，墓底长 2.70、宽 1.42～1.48 米，深 1.40 米。葬具为单木棺，腐朽严重，仅留朽痕，平面

近长方形，长 2.00、宽 0.45～0.63、残高 0.30 米。棺内人骨一具，保存较差，头向北，面向下，仰身直肢，为一年龄约 30 岁的女性。西墓室平面近长方形，斜壁，墓室西北部被 M87 打破。墓口长 2.90、宽 1.8 米，墓底长 2.70、宽 1.6 米，深 1.06 米。葬具为单木棺，腐朽严重，仅留朽痕，平面近长方形，长 2.00、宽 0.46～0.52、残高 0.28 米。棺内人骨一具，保存较差，头向北，面向不清，仰身直肢，为成年男性。

B 型墓葬以 M76 为例，长方形竖穴土圹单室墓，南北向。开口平面近长方形，斜壁，口大底小，土圹口南北长 4.48、东西宽 2.40～2.20 米，底长 4.28、宽 2.04～2.20 米，墓底距墓口深 2.30 米。葬具为单木椁、木棺。平面均近长方形，腐朽严重，

西汉时期木椁墓 M76

M76 陶器出土状况

仅留朽痕，木椁长 3.52、宽 0.88～1.08、残高 0.44 米，木棺长 1.8、宽 0.44～0.56、残高 0.2 米。棺内人骨一具，保存较差，腐朽严重，头向北，面向西，仰身直肢，年龄、性别不详。

新莽时期虽存续较短，但在本次发掘中，这一时期墓葬特点较为明显。一是墓葬形制与典型西汉时期墓葬相比，在竖穴土圹墓中保留木椁的同时出现明显的用砖、瓦等作为构建墓室材料的现象已成为主流。但在木椁与墓室土圹之间堆瓦与单层砌砖的方式不足以支撑墓室顶部起券，或券顶技术尚不成熟，因此推测这类墓葬的顶部仍以内部木椁顶部为主。随后逐渐出现以砖砌四壁代替木椁，并在砖壁之上覆盖木板为顶。二是随葬品中出现新莽时期特有的货币，如"大泉五十"等，"货泉"虽沿用时间略久，但也能从一定程度上反应这一特殊变革时期的时代特征。此外，随葬陶器的形制、组合也与西汉典型墓葬有明显差异。因此，这一时期墓葬有着明显的本地区典型西汉竖穴土圹木椁墓向东汉砖室结构墓葬过渡阶段的特征。

以 M123 为例，带墓道竖穴土圹异穴合葬墓。墓室平面近长方形，土圹南北长 7.46、东西宽 3.46 米，直壁，墓底距墓口深 1.22 米。由东、西并排的两个墓室组成。东墓室为带墓道的竖穴土圹砖室墓，由墓道、墓门、墓室组成。墓道位于东墓室南部，平面近长方形，直壁，斜坡底。南北长 4.0、东西宽 0.8～0.9、深 0～1.22 米；斜坡长 4.16 米，坡度 20°。墓门位于墓道北侧，连接墓道和墓室，平面呈长方形。内宽 1.40、高 0.85、进深 0.28 米。封门位于墓门内侧中部，分内、外两层，外层与内层下部皆以平砖错

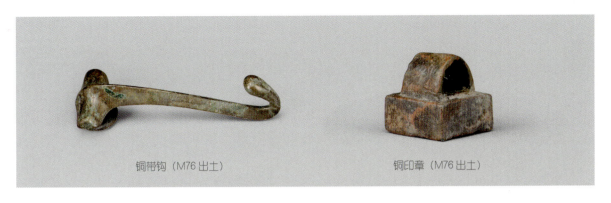

铜带钩（M76 出土）　　　　　铜印章（M76 出土）

新莽时期 M123

缝垒砌，上部以"人"字形砌两层，宽 1.40、高 1.16、进深 0.28 米。墓室位于墓门北部，平面呈长方形，直壁因挤压略向内弧凸，南北长 3.05、东西宽 1.78 ~ 1.85、墓底距墓口深 1.22 米。西壁无砖。砖墙厚 0.05 米。东壁以立砖对缝顺砌，部分砖墙因挤压塌陷变形。墓室底部无砖。西墓室亦为带墓道的竖穴土圹砖室墓，

由墓道、封门、墓室组成。墓道位于西墓室南部，平面近长方形，直壁，斜坡底。南北长 4.0、东西宽 0.82 ~ 1.10、深 0 ~ 1.17 米；斜坡长 4.16 米，坡度 20°。封门位于墓道北侧，连接墓道和墓室，平面近长方形，由瓦片垒砌而成，宽 1.10、高 0.50、进深 0.22 ~ 0.40 米。墓室位于墓门北部，平面呈长方形，直壁，南北长 3.10、

M123 陶器出土状况

相邻墓葬疑似封土叠压关系探沟剖面

东西残宽 1.87～1.88、深 1.17 米。墓室西侧、北侧有以瓦片垒砌的墓壁，厚 0.22～0.33 米。西墓室东壁被东墓室打破。墓室内未发现葬具与人骨，但根据墓壁瓦片与砖的垒砌方式推测，西墓室内原应搭建有木椁支撑。

东汉至魏晋时期墓葬时代跨度较大，墓葬形制由东汉早期的单室墓逐渐发展为晚期的前后双室墓和多室墓，魏晋时期则多为小型单室墓。出土随葬品有罐、壶、盒、尊、簋、仓、井、灯、案、耳杯、灶、狗、鸡、猪等，时代特征较为明显。个别墓葬在发掘过程中发现了较为明显的封土，墓室顶部虽在早期盗扰中被破坏，但根据墓葬开口层位及封土堆积形态判断，墓室顶部应有部分高于当时地表。这一地区发现的砖室墓葬多被破坏，砖壁遭到拆毁，根据盗洞开口层位判断，被盗时间多集中于唐至元代。

以 M92 为例，带墓道多室砖室墓，土圹南北长 13.00、东西宽 9.40、墓底距墓口深 1.80 米。墓室顶部已被完全破坏，砖室结构仅残存底部。砖壁以一顺一丁方式砌筑，墓室内以条砖横直双行通缝铺地。由墓道、甬道、前室、东耳室、东后室、西后室等部分组成。墓道位于墓门南部，平面近梯形，直壁，斜坡底。南北长 5.50、东西宽 1 ~ 1.67、深 0 ~ 1.80 米，斜坡长 5.78 米，坡度 20°。甬道位于墓道北部，平面近梯形。砖内圹南北长 1.25、东西宽 0.90、残高 0.05 ~ 1.30、壁厚 0.30 米。前室位于甬道北部，平面呈长方形。砖内圹南北长 2.10、东西宽 4.80、

残高 0.35 ~ 0.50、壁厚 0.30 米。前室西部设有一处器物台，平面呈长方形，一顺一丁方式砌筑，南北长 2.10、东西宽 0.75、高 0.15 米。东耳室位于前室东部，西部通过甬道与前室东部相连。甬道平面呈长方形。北壁与东耳室北壁相接共用，南壁即为东耳室西壁，由东耳室南壁向北砌筑，南北宽 0.06、壁厚 0.60、残高 0.30 米，砖内圹东西长 0.60、南北宽 0.90 米。甬道内残留一层封门，一顺一丁方式砌筑，残高 0.45、厚 0.30 米。东耳室平面呈长方形，砖内圹东西长 2.85、南北宽 1.62、残高 0.75 ~ 0.90、厚 0.30 米。东后室位于前室东北部，南部通过甬道与前室东北部相连。甬道平面呈长方形，西壁与东后室西壁相接共用，东壁即为东后室南

东汉至魏晋时期 M92

M92 前室东北角出土陶器

M92 前室西北角出土陶器

晚唐时期窑址

金元时期遗迹

金元时期房址

墓地南部古河道剖面

古河道北岸东汉时期窑址

壁，由东后室东壁向西砌筑，东西宽 0.60、壁厚 0.70、残高 1.20 米，砖内圹南北长 0.90、东西宽 1.00 米。甬道内残存一层封门，一顺一丁砌筑，残高 0.45、厚 0.30 米。东后室平面呈长方形，砖内圹南北长 2.85、东西宽 1.62、残高 0.70 ~ 1.65、壁厚 0.30 米。西后室位于前室西北部，南部通过甬道与前室西北部相连。甬道平面呈长方形，东壁与西后室东壁相接共用，西壁即为西后室南壁，由西后室西壁向东砌筑，东西宽 1.20、残高 0.30 米，砖内圹南北长 0.60、东西宽 0.90 米。西后室平面呈长方形，砖内圹南北长 3.90、东西宽 2.40、残高 0.50 ~ 1.55、壁厚 0.30 米。

除以上各时期墓葬外，这一区域还发现有一定数量的北朝至明清时期墓葬。同时，还发现有晚唐至金元时期遗迹。遗迹类型有晚唐至金元时期的窑址、灰坑、水井等，及少量金元时期房址。

根据遗迹遗物等因素综合判断，遗址性质应与制砖制瓦等手工业相关。

该处墓地少见相互叠压打破关系，仅可见少量东汉砖室墓打破西汉墓葬。同时，西汉与东汉地层中罕见其他遗迹。因此，这一区域在两汉时期应单纯作为墓地使用。墓地边界仅南部因古河道的存在而相对清晰，且古河道北岸发现了东汉时期窑址，因此古河道的时代也基本确定。西侧与北侧可能与其他已发现的路县故城墓葬区相连。

前北营村发现的以汉代为主的墓葬形制多样、数量庞大，出土文物类型及数量十分丰富，所反映出的自西汉以来完整的文化序列和各时期鲜明的文化特征，对北京地区物质文化面貌的研究均具有重要学术意义。

（执笔：魏然）

西城区牛街
隋唐至明清时期遗址

牛街遗址位于西城区牛街街道，与牛街礼拜寺隔街相望。北京市考古研究院于2021年8月至2022年7月对该遗址进行考古发掘，发掘面积4900平方米。根据已有考古发现及墓志、石经考证，该遗址位于唐幽州、辽南京、金中都和明清北京城内。本次发掘发现了丰富的隋唐、辽金、明清时期的文化遗存，共清理灰坑、水井、房址、道路、墓葬等遗迹近1300座。

该遗址自隋唐以来一直是人们生活的重点区域，地层扰动频繁，文化堆积复杂。发掘区所有地层堆积情况如下：

第①层，浅灰色土，土质较软，结构较疏松，厚约0.70米，包含物有现代垃圾和建筑垃圾及少量陶瓷片。为现代地层。

第②层，灰褐色土，土质松软，结构疏松，厚约0.60米，包含较多青花瓷片、陶片、烧土块、砖块和兽骨等。为明清时期堆积。

第③层，根据土质土色的不同可划分为三个亚层：③a、③b、③c。皆为金元时期的堆积。

第③a层，黄褐色土，土质较软，结构疏松，厚0.35米，包含大量陶瓷片、砖瓦块和兽骨等。

第③b层，灰黄色土，土质较软，结构疏松，厚0.25～0.30米，包含大量陶瓷片、红烧土颗粒和兽骨等。

第③c层，灰褐色土，土质较软，结构疏松，厚0.25～0.30米，包含大量陶瓷片、红烧土颗粒、兽骨和陶片等。

第④层，深黄灰色土，土质较软，结构疏松，厚0.25～0.30米，包含较多陶瓷片、红烧土颗粒、炭屑和兽骨。为辽金时期晚期堆积。

第⑤层，灰黄色土，土质较软，结构疏松，厚0.25～0.30米，包含陶瓷片、红烧土颗粒、炭屑和兽骨。为辽金时期早期堆积。

第⑥层，深灰褐色土，土质较软，结构疏松，厚0.60～0.70米，包含陶瓷片、砖瓦块、烧土颗粒、炭屑和兽骨，其中瓷片明显少于上层堆积，以白釉、黄釉瓷片为主。为隋唐时期堆积。该层以下为生土层，浅黄色粉砂土，较致密。

发现的遗迹中灰坑数量最多，约有1200个。明清时期灰坑大都是普通垃圾坑，出土大量青花瓷片、陶片和兽骨。隋唐、辽金时期的灰坑分布在房址周围，有一部分为窖穴，出土较多陶瓷片。

发现房址30余座，皆为地面式，以单间为主，多间房屋较少。这些房址保存较差，大多数已不完整。就保存相对完整的房址来看，以面积为20～50平方米者居多，残存最大的房址／院落面积近100平方米。这些房屋仅残存基槽，槽内杂有较多碎砖瓦块，用以加固墙基，地面之上的墙体被晚期遗存破坏已不存，部分房址内部有活动面、火炕、灶等生活遗迹，房址附近有瓮、缸或罐等遗物。根据开口层位和出土遗物特征，初步判断这批房址的年代大都为金元时期。

F24开口于第③b层下，平面呈长方形，东西长2.0、南北宽2.30米；上部已被破坏，仅残存基槽，基槽宽0.30、深0.10米，内铺残砖、

遗址发掘现场（上为北）

灰坑

房址附近出土陶器

铜印章

F24

石块为基础。门道位于东墙南部，南北宽 0.70、进深 0.30 米。室内东北部有一长方形凹坑，周边以残砖铺垫围圈，东西长约 0.60、南北宽约 0.50、残深 0.10 米；凹坑内填土为黄绿色，较疏松。根据开口层位、房址形制、土质土色等特点，初步推断 F24 为厕所，室内凹坑为厕坑，其年代为金元时期。

道路 L1 位于发掘区西部，开口于第②层下。平面呈长条形，南北向，南、北两端皆延伸出发掘区，发掘区内南北长 89、东西宽 5～5.40 米，厚 2.11～2.26 米。堆积可分为 4 层。L1 ①层为青灰褐色土，土质坚硬且致密，厚约 0.53 米，包含少量陶瓷片、砖瓦块等遗物。L1 ②层为灰褐色土，土质坚硬且致密，厚约 0.55 米，包含少量陶瓷片、砖瓦块等遗物。L1 ③层为青褐色土，土质坚硬且致密，厚约 0.57 米，包含少量陶瓷片、砖瓦块等遗物。L1 ④层为灰褐色土，坚硬且致密，厚约 0.64 米，包含少量陶瓷片、砖瓦块等遗物。其年代为辽金时期。

该遗址出土遗物较多，初步统计出土完整或可复原器物近千件，主要包括瓷器、陶器、骨器、铜器、铁器等。出土众多瓷器残片是该遗址的一大特点，这些瓷片主要是辽金和明清时期。辽金时期瓷器主要是定窑、龙泉务窑、钧窑的产品，也有少量龙泉窑、磁州窑产品和个别的高丽青瓷。明清时期瓷器以青花瓷为主。这些遗物为研究北京地区隋唐至明清时期的社会生活、商品流通、手工业生产水平等方面具有重要意义。

本次考古发掘发现了丰富的隋唐、辽金和明清时期的遗存，为进一步研究隋唐、辽金、明清等北京地区重要时期的文化面貌与文化特征提供了丰富的资料。发现的辽金时期道路、房址等遗迹现象为研究辽南京、金中都城内街巷、里坊布局提供了重要的实物资料，出土的大量遗物见证了城内居民的生活状态和精神世界。另外，发掘区位于唐幽州、辽南京、金中都、明清北京城城内，为研究北京早期城址变迁提供了新的材料，也是中华民族多元一体格局形成过程的具体体现，是展示、实证北京地方史的重要内容。

（执笔：孙浩然）

黄釉执壶

瓷盘

瓷碗

瓷盘

瓷塑

瓷器盖

西城区光源里
金中都遗址 2022 年发掘收获

光源里遗址位于西城区右安门内大街和半步桥胡同之间，北邻白纸坊东街，南至宏建南里南边界。2019 年以来，为配合光源里棚户区改造项目工程建设，北京市考古研究院对光源里遗址持续开展考古工作，迄今为止发掘面积达 17000 平方米，揭露出建筑基址、河道、道路、水井、灶和灰坑等大量遗迹现象，其中以 2022 年在发掘区北部揭露出的早、晚两期建筑组群和河道遗址最为重要。

晚期建筑组群由位于同一轴线上的南、北 2 座大型殿址和东西对称的廊房组成，南北通长约 60 米，东西残宽 43 米。

中轴线南端的 1 号基址为前方带月台的近方形建筑，坐北朝南。台基高 0.8 米，东、西、北三面以宽 1～1.25 米的瓦渣夯筑台基包边，南边瓦渣包边将月台围合在内，形成"凸"字形平面，使主体建筑和月台浑然一体。主体建筑东西长 22、南北宽 20 米；月台东西长 14、南北宽 10 米，西南角外残存条砖墁"人"字纹散水。台明残存 10 个大型磉墩，残深约 1.1 米。结合台基结构和磉墩分布，推测该建筑的柱网结构应为面阔三间、进深三间。

2 号基址位于轴线北端，坐北朝南，平面呈长方形，通面阔 17、南北进深约 12 米。东、西两侧为条形夯，东侧条形夯南北长 10.5、东西宽 2.2 米。南侧磉墩边长约 2、深 1.3 米。北侧尚存 1 个磉墩，形态、规格与南侧磉墩基本一致。中部磉墩偏向南侧，制作粗糙，夯打草率，砖瓦块大小不一。

3 号基址即西廊房遗址，坐西朝东，南北通长约 26 米。残存东侧磉墩 6 个，其平面近方形，边长 1.6～2 米。

4 号基址即东廊房遗址，平面呈长方形，坐东朝西，南北通长约 26、宽约 10 米，五开间，进深两间。共有 17 个磉墩，北端只有东、西两端磉墩，中间没有磉墩。大部分磉墩平面近方形，边长 0.8～1.5 米，西南磉墩与其北邻的磉墩平面为东西向长条形，规格分别为东西长 2.6、南北宽 1.4 米和东西长 2.6、南北宽 1.2 米。

在这个院落中，每个建筑各自独立，又通过道路彼此相连通。院落中心是公共空间，有"十"字甬路通向各栋建筑。在 1 号基址北侧发现了南北向砖铺甬路，3 号基址东侧、面对院落中心的公共空间发现有门道遗迹。在 3 号和 4 号基址南端的台基包边外侧，均有铺砖地面的残痕，推断 3 号基址和 4 号基址南侧应有连廊与 1 号基址相连。

5 号基址位于 4 号基址东侧，其东侧和南侧均被破坏无存，发掘部分南北残长 17.4 米，发现南北纵排的 5 个东西向条形磉墩。此外，基址西北尚存一保存较好的疆磉，东西长 1.4、南北宽 2.6、高 0.5 米。从发掘区整体布局分析，5 号基址应分属同时期另一组建筑组群。

早期建筑遗迹叠压在晚期建筑遗迹下，虽然早期基址被严重破坏，尚有遗迹可寻。1 号基址台基部分对早期建筑有所利用，据局部解剖了解到早期应为一前方带月台的长方形建筑，东西长 26、南北宽 13 米。南侧月台东西长 12、南北宽近 4 米，其月台亦叠压在晚期建筑的月台下，月台南侧散水尚有保留。尚存砖制须弥座 1 个，残存圭角。

2 号基址之下叠压的早期建筑系开挖基槽后逐层夯筑而成，地上台基部分基本无存，仅发现

遗址全景（北—南）

二号基址

五号基址

四号基址

三号基址

一号基址

晚期建筑基址

5 号基址西北的礓礤遗迹

1 号基址东南解剖沟北壁

1 号基址下的早期须弥座

3b. 晚期建筑包砖及基础　3c、3d. 晚期建筑台基垫土

4a. 早期建筑磉墩　4b. 早期建筑包砖及基础　4c、4d. 早期建筑台基垫土　4e. 早期建筑夯土基础　4h. 早期垫土

5. 黑色淤土　6. 早期路土　7. 沙土

0　　　　　　50 厘米

东西向略有规律分布的 10 余个磉墩，中部还发现 1 件小型柱础石，南、北两边边长为 0.45 米，东、西两边边长为 0.4 米，厚 6 厘米。

3 号基址下叠压着早期建筑的夯土，4 号和 5 号基址下叠压着早期建筑的磉墩。

综合地层叠压打破关系及出土遗物分析，早期建筑基址时代约为辽至金大定年间，晚期建筑基址时代约为金大定至金末元初。

在遗址北侧，邻近白纸坊东街，发现了一条东西向的河道，受现场条件所限，发掘 600 平方米。发掘出一段河道，开口于第③层下，剖面显示呈南高北低坡状堆积，为河流南岸。发掘区河道宽 9 米，河床土质较坚硬，南侧岸上遗留埽的痕迹，还有一根长 1.5、直径 0.14 米的木桩插在岸边。河道内出土了双鱼纹铜镜、金代和北宋铜钱、北宋黑定瓷片等遗物。

历史地理研究认为，白纸坊东西街一带可能为辽南京南城墙及外护城河故址。此次发掘出的河道，认定为辽南京南护城河，且金代还在使用。

此次发掘区域位于金中都东开阳坊界内，也在辽南京开阳门故址外东南部。

据《元一统志》记载："大觉寺，按《寺记》，曰中都大觉寺。大定十年（1170 年）四月记，撰记者行太常寺丞骑都尉蔡珪也。中都，即今旧城；大定，金世宗都燕时年号。其记间而文，大略曰：河桥折而西有精舍焉，旧在开阳门郊关之外，荒寒寂寞。有井在侧，往来者便于汲，因名义井院。天德三年作新大邑，燕城之南广斥三里，寺遂入开阳东坊。大定中赐额大觉。……在旧城开阳东坊。"

耶律楚材《湛然居士集》曰："辽重熙、清宁间，筑义井精舍于开阳门之郭，傍有古井，清凉滑甘，因以名焉。金天德三年展筑京城，仍开阳之名为其里。大定中僧善祖营寺，朝廷嘉之，赐额大觉。"

玉册

高丽青瓷碗

耀州窑青瓷器

黄琉璃瓦

汝窑梅瓶

绿琉璃龙纹瓦当

凤纹瓦当

滴水

兽面纹瓦当

檐瓦

此次发现的建筑基址组群，初步判断，即为金代大觉寺遗址。

从规格看，1号基址通面阔达22米，通进深达20米。虽然只有三开间，但达到这个尺度规模的三开间殿堂仍属罕见。在目前发现的金代三开间建筑基址中，光源里1号基址规模仅小于河北张家口市太子城的9号基址，其规模甚至大于吉林安图县金代长白山神庙大殿。太子城9号基址和长白山神庙大殿都是皇家建筑，这就表明光源里1号建筑的规格已达到皇家御用级别。

金代流行在寺庙中临时供奉帝后御容，至适当时期再举行大型仪式奉迎回原庙供奉。从遗物

陶塑菩萨头像

陶塑关公像

陶塑天王踏小鬼像

看，在 1 号基址附近出土了玉册、铜印和菩萨、天王、供养人、关公陶塑，还有凤纹瓦当、兽面纹瓦当、莲花纹滴水、望柱柱头、筒瓦、檐头瓦等建筑构件，还有仿铜瓷礼器、高丽青瓷、汝瓷、龙纹瓦当、黄琉璃筒瓦等高规格遗物，以及"库"字款定窑瓷器。这里不仅有祭祀用瓷，还有皇家御用高等级用瓷，还有表示建筑功能的刻字瓷器，为判断建筑的性质和功能提供了依据。

综上所述，西城区光源里 2022 年发掘的晚期建筑群应是金中都中后期皇家御用寺庙大觉寺，寺内设御容殿，且用于储存皇家档案或祭祀用品。

大觉寺是目前金中都考古中发掘面积最大的一处官式建筑遗址，殿、阁组合的布局与金中都原庙布局一致，地基做法符合宋代李诫《营造法式》，与文献记载金中都仿北宋东京汴京城建设相符。目前金代考古此类实例尚属罕见，为金代大型建筑基址研究提供了难得的实例，填补了金中都建筑考古的空白，对金代建筑史研究意义重大，对金代建筑考古具有重大学术价值。

光源里遗址出土了大量瓷器残片，窑口众多，以定窑、钧窑、磁州窑产品为大宗，另有部分邢窑、介休窑、耀州窑等产品，还发现有景德镇窑、龙泉窑、越窑等南方窑口瓷器，此外，还发现一批高丽青瓷。在大量瓷器残片中，包含部分精细定窑白瓷、汝瓷、耀州窑瓷、钧瓷等皇家用瓷，对金代制瓷手工业生产发展水平、金中都商贸情况、金代宫廷用瓷制度等研究有重要意义。

出土的祭祀用具，如包括金太祖等汉文玉册及女真文玉册，据《大金集礼》记载，金大定年间，金中都集中对太祖、睿宗、世祖、太宗等举行御容供奉仪式。另有耀州窑、定窑、钧窑等窑口的仿铜瓷礼器出土。这些珍贵遗物对金代庙制和礼制研究意义重大。

此外，光源里遗址出土的煤、陶塑、铜材和铜器、骨器、琉璃构件等，为研究金代科技水平、造型艺术、手工业生产等提供了新资料，也为研究金中都丰富多彩的社会生活提供了新视角。

特别是结合文献记载和既往研究，可知光源里发掘区地处金中都外城的东开阳坊内，西距皇城约 900 米；在辽南京开阳门之东南，临近辽南京南护城河。此次发掘的河道确认为辽南京南护城河，为辽南京城的复原研究提供了一个坚实的地理坐标。初步推断，此次发现的早期建筑与辽南京"义井精舍"有关，也是辽南京考古取得的重大进展。金中都作为北京建都之始，如何利用旧有城市，如何开创新格局，从光源里遗址中可窥一斑，对北京城市考古研究具有重要意义。

光源里遗址考古发现，从建筑技术和遗物风格，均反映出女真人已经高度汉化，是从考古学视角阐释中华民族多元一体格局形成过程的典型实例。

（执笔：王继红、李永强）

明长城遗址
2021 ～ 2022 年发掘收获

2021 年至 2022 年，为配合北京明长城保护修缮工程，深入了解长城的建筑形制、结构、营建方法，进一步发掘长城文化内涵，为今后长城保护、规划、修缮工程方案的制定提供基础资料和技术支撑，探索长城保护研究新的工作范式，北京市考古研究院先后在延庆柳沟明长城 208 ～ 210 号敌台遗址，延庆大庄科明长城 3、4 号敌台及边墙遗址，昌平南口城、上关城墩台遗址，怀柔箭扣明长城 141 ～ 145 号敌台及边墙遗址开展考古工作。

延庆 208 ～ 210 号敌台位于延庆区井庄镇柳沟村西山山坡上，敌台间连接有长城墙体。该段长城墙体属明长城柳沟段，向东与延庆火焰山九眼楼长城相连，向西与岔道城相接。本次发掘敌

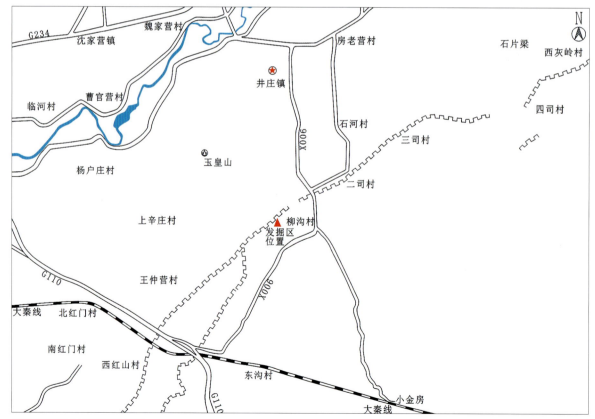

延庆柳沟明长城发掘区位置图

柳沟明长城 208 号敌台（西北—东南）

柳沟明长城 209 号敌台（东北—西南）

柳沟明长城 210 号敌台考古发掘前（西北—东南）

柳沟明长城 210 号敌台考古发掘后（东北—西南）

台 3 座、墙体 1 段，发掘面积 236 平方米。

发掘首先明确了明代宣府镇南山边垣实心敌台的建筑形制和工程做法。3 座敌台建筑形制基本相同，均为实心敌台，采用黄土夯筑实心土墩，外立面包砌砖石，基础采用 3 层条石砌筑，条石内填馅为 3 层土石混筑（具体做法为一层毛石、一层土），顶部白灰找平后砌砖到顶。顶部四周砖砌垛口，垛口顶部铺劈水砖，顶部地面采用方砖十字缝铺墁，中间修建铺房。

其次，明确了敌台建筑年代。210 号敌台出土明万历二年（1574 年）题名鼎建碑证明该段长城、敌台营建于万历二年，与文献记载一致，实现了"证史"这一学术目的。

再次，明确了敌台和墙体的时代早晚关系。连接 3 座敌台的长城墙体均叠压在敌台放脚之上，证明长城墙体的营建晚于敌台，亦证明长城防御体系是由点状防御到连续性防御这一发展、演变过程。

延庆 3、4 号敌台位于延庆区大庄科乡香屯村东北山脊上，敌台间连接有长城墙体。该段长城墙体属明长城大庄科段，向东与怀柔西水峪、黄花城长城相连，向西与延庆八达岭长城相接。本次发掘空心敌台 2 座、登城便门 3 座、墙体 3 段，发掘面积 600 平方米。

通过发掘，明确了明代昌镇黄花路长城空心敌台、墙体、便门的建筑规制。3、4 号敌台均为空心敌台，骑墙而建，建筑形制一致。敌台台基（基座）采用条石垒砌，共 13 层。条石的外露面经过鏨刻使之平整，但内侧面仅进行简单的修整没有鏨刻痕迹。中空部分为回廊式结构，中

延庆大庄科明长城发掘区位置图（南—北）

大庄科明长城 04 号敌台（东—西）

间为一长方形大厅，南、北两侧各设一拱券式回廊。中室东、西立面各设 1 门 2 箭窗，门居中；南、北立面各设 3 个箭窗。台门距离地面的高度经过设计，3 号敌台位居山顶垭口这一冲要之地，因此东、西台门距离地面较高，不易攀登。4 号敌台东侧面对垭口，因而台门设置较高，西侧背对垭口，且靠近山体，故台门位置较低。中室顶部坍塌，从坍塌堆积考察，原先顶部应为木梁架结构，铺有木板。敌台顶部坍塌严重，从现存遗迹考察，敌台顶部、中室之上应建有铺房，屋顶覆瓦，且全部为板瓦而未使用筒瓦。顶部四周应建有垛口墙。

长城墙体为"石脚砖顶"结构，墙身采用条石垒砌，层数不等，顶部铺 1～2 层衬砖，表面铺方砖，墙体顶部内外边缘均修建有垛口墙——双面垛口墙。墙体内外存在明显高差，外侧迎敌面远高于内侧背敌面，体现出向北防御的特点。

登城便门均为"沉降式"，门外置一自然石块作为踏步，抱框部分损毁严重，仅存门柱和过门石部分，过门石上开凿有排水所用的凹槽，两侧有门轴海窝，门道、踏步均为砖砌。便门的位置选择经过精心设置，2 号便门为 3 号敌台而设，3 号便门为 4 号敌台设置，均系为登台守城的军士设置；1 号便门位于 2～3 号敌台间长城墙体中部，距离敌台较远，且该段长城墙体较长，因此，设门于墙体中部，便于士兵登临墙体据守。

明长城大庄科段的发掘明确了长城建筑的工程做法。3、4 号敌台修建于自然山体之上，修建前对山体进行修治，并开挖基槽，系首次发现营建空心敌台开凿基槽的实例。4 号敌台的西侧矗立一高峰，营建敌台时开凿部分山体，从而获取更大的建筑平面面积，系首次发现营建敌台前开凿自然山体的实例。敌台内墙体和外立面存在"两张皮"现象，彼此间并未实现结构上的"拉结"

而是"硬连接"在一起,从墙体勾缝上判断,系两次营建而成,即先修建外皮,后营建台内结构。

其二,墙体的营建存在多种做法。4号敌台西侧的山体陡峭,墙体坡度很大,营建时将山脊开凿成台阶状,以获取平面。3～4号敌台间长城墙体、2～3号敌台间长城墙体西段则开挖有基槽,这是首次明确发现营建长城墙体开凿基槽的实例。2～3号敌台间长城墙体东段则采用铲削、铺垫结合的方式处理基础平面。

其三,明确了植物对长城的影响。该段长城顶部曾经长满各种草本、木本植被,通过选取一段墙体顶面发掘情况来看,处于顶面中部的植被根系均"平铺"在墙体海墁上,并未向下生长。

但生长在垛口墙和墙体顶部结合处的植被根系则深深扎入长城墙体,对墙体安全构成直接威胁。生长在墙根处的植被,由于被墙身坚硬的条石阻挡,根系向另一侧生长,对墙体安全没有威胁。敌台内部、顶部的植被根系充分"利用"了敌台各个部位建筑间的缝隙深入生长,对敌台的安全构成了严重威胁,这在3号敌台内堡体现得尤为明显。

其四,明确了长城废弃、坍塌的原因和过程。4号敌台西侧紧邻山峰且坡度较大,敌台废弃后因缺少必要的维护,长期受到降雨和来自山坡上的泥水、泥石流冲击而逐渐掩埋,埋深约7米,以至将台基部分全部掩埋,形成了7层堆

大庄科明长城 04 号敌台（俯视）

大庄科明长城 03 号敌台（西南—东北）

积，其中第 3 层中包含大量砖瓦碎块，表明第 3 层的时代是敌台垮塌的时间。敌台的南、北立面台基条石向外垮塌，中空部分的外墙则整体垮塌在敌台内部，之后北侧拱券顶部再次垮塌。台基条石的垮塌与地基沉降无关，系排水不畅，造成填馅鼓胀，条石内侧形成空鼓、外闪后垮塌。敌台顶部铺房系一次性垮塌，铺房顶部的瓦片均匀分布在中室内。4 号敌台内现存 2 座火炕，火炕采用修建敌台的青砖砌筑，系拆除部分铺地方砖和墙体条砖后营建，修建质量粗糙。与之类似的还有 3 号敌台内的火炕。均属敌台废弃后，后人利用所致。

2 号登城便门旁边的长城墙体顶部发现房址 1 座。该房址采用倒塌后的长城城砖砌筑，房屋结构简单，质量粗糙，且占据城墙顶部大部分面积，基本阻断了 2 ～ 3 号敌台间的联系。房址内出土有不早于清末时期的瓷片，因此推断，该房址系长城废弃后才营建使用。

上述遗迹现象表明，随着明长城军事功能的逐渐消退，长城逐渐荒废、损毁、掩埋但并未彻底废弃，时人特别是为当地人所利用、改造。

其五，明确了该段长城的营建时代。出土的"右车营"铭文砖证明 2 座空心敌台的营建不早于万历二年（1574 年）；采集的石碑则证实长城墙体建于天启三年（1623年）、五年（1625年）前后。

南口城东山、西山烽火台位于昌平区南口村北，军都陉（关沟）南口山谷两侧的山顶上，属南口城防御体系的一部分。上关城1、2号烽火台和2、3号敌台位于上关村南，上关关城东、西两侧山脊上，属上关城防御体系的一部分。两者共同组成了军都陉（关沟）防御体系。本次发掘清理墩台6座，发掘面积200平方米。

本次发掘首先确定了上述烽火台、敌台的建筑性质——护城墩。6座墩台均选址于南口城、上关城周围的高山上，与所属城池之间形成明显的高差，居高临下，俯控四野，故墩台的功能应以瞭望、传烽、镇守、护城多功能于一体。

其次，确定了6座墩台的建筑形制和工艺做法。墩台均为实心，除南口城东山烽火台有砖砌结构外，其余均采用毛石垒砌、白灰勾缝的建筑工艺。顶部四周修建石砌垛口墙，中间营建铺房，其中上关城2号烽火台顶部首次发现"半地穴式"铺房，丰富了铺房类建筑的类型。

最后，上关城2号烽火台出土不晚于明景泰、天顺朝的瓷器残片，与文献中所载宣德、景泰朝曾修缮居庸关之事一致，不仅印证了文献的记载，而且为今后寻找明中前期甚至早期居庸关关址，复原关城布局提供了线索。

怀柔箭扣141～145号敌台及边墙遗址位

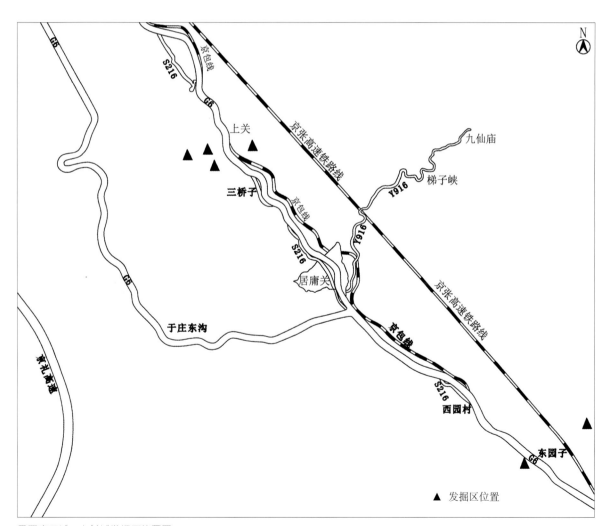

昌平南口城、上关城发掘区位置图

上关城 2 号烽火台考古发掘前（西南—东北）

于怀柔区西栅子村南山脊上。本次发掘 141 ~ 145 号计 5 座敌台及敌台间的长城墙体、登城便门、暗门等长城建筑遗址，发掘面积 2530 平方米。

发掘明确了长城敌台建筑的建筑形制。141、143、145 号敌台均为实心敌台，142、144 号敌台则为空心敌台。敌台以自然山体为基础，经过修治后，获得营建空间。敌台以条石为基础，上部

青砖垒砌，顶部均修建有铺房建筑。

第二，发现了明代戍边将士生活的遗迹。在 141、143、144、145 号敌台的铺房内均发现火炕、灶址遗迹，145 号敌台的灶址内还发现炭化植物遗存、动物骨骼遗存。这些遗存不仅与明代文献记载相吻合，而且丰富了长城遗存的文化内涵，对研究明代戍边运转方式提供了依据。

第三，发现了明代戍边将士的文娱遗物。

上关城 2 号烽火台考古发掘后（东南—西北）

141、145 号敌台顶部出土有棋盘砖，为研究戍边将士的日常生活提供了新材料。

第四，首次发现炮台、旗杆墩遗存。145 号敌台东侧、141 号敌台西侧的长城墙体顶部发现有块石垒砌的方台，2 座方台紧邻垛口墙而建，平面呈长方形，综合判断应为炮台遗存。143 号敌台顶部东北角墙下发现 1 座毛石垒砌的方台，应为旗杆墩遗存。上述长城附属建筑为近

年明长城考古过程中的重要发现，弥补了文献记载的缺失。

第五，首次发掘暗门遗址，明确了暗门的建筑形制。暗门位于 143 号敌台西侧，纵贯墙体的门道十分低矮、窄小，仅容一人通过，顶部结构应为木梁架式。门距离地面高达 2.2 米，其防御之严密可见一斑。

第六，明确了该段长城墙体及敌台的建造年

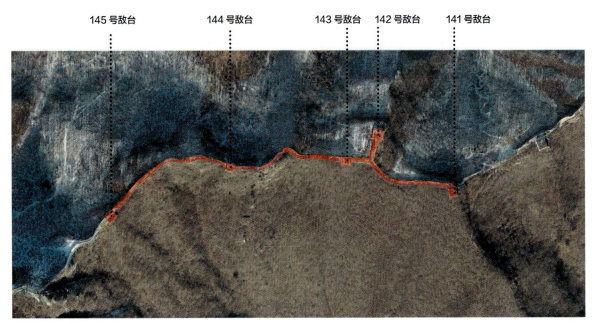

145 号敌台　　144 号敌台　　143 号敌台　142 号敌台　141 号敌台

怀柔箭扣长城发掘区位置图

145 号敌台考古发掘前（西南—东北）

145 号敌台考古发掘后（俯视）

145 敌台火炕和灶址（东—西）

144 号敌台考古发掘后（俯视）

144 号敌台考古发掘前（侧视）

144 号敌台考古发掘后（侧视）

代。145 号敌台出土明万历十二年（1584 年）《题名鼎建碑》，143 号敌台西侧长城墙体外侧出土万历二十五年（1597 年）《城工题名碑》，两块石碑展现了箭扣长城建筑的营建时序和长城防御体系的发展、演变过程。

本次考古工作是长城研究性保护项目的重要组成部分。不同于常规的配合基建考古、主动性考古发掘，是将考古学研究与工作方法融入文化遗产本体保护工作的有益探索。改变了传统长城保护修缮工程中对建筑坍塌物的简单清理方法，通过考古发掘的方法对坍塌物清理，明确了敌台上铺房内火炕、灶址的布局，出土的吻兽、瓦当等为研究铺房形制提供了充分依据。通过采取考古先行的方法，再依据考古成果编制长城保护的精细方案，可以使方案更加准确、全面、科学、系统。对于长城建筑坍塌后形成的堆积物、长城建筑上的植被，在清理和保留等相关问题上可根据实际情况和展示需要加以判别和区别对待，不仅有助于形成长城保护与展示利用相协调的新理念，而且可推动和推广形成新的长城保护工作范式。

（执笔：尚珩）

144 号敌台考古发掘后（南—北）

144 号敌台火炕和灶址（东北—西南）

143 号敌台考古发掘前（俯视）

143 号敌台火炕和灶址（西南—东北）

143 号敌台考古发掘后（俯视）

142 号敌台考古发掘前（西南—东北）

142 号敌台考古发掘后（西南—东北）

142 号敌台考古发掘前（俯视）

142 号敌台考古发掘后（俯视）

141 号敌台考古发掘前（西南—东北）

141 号敌台考古发掘后（西南—东北）

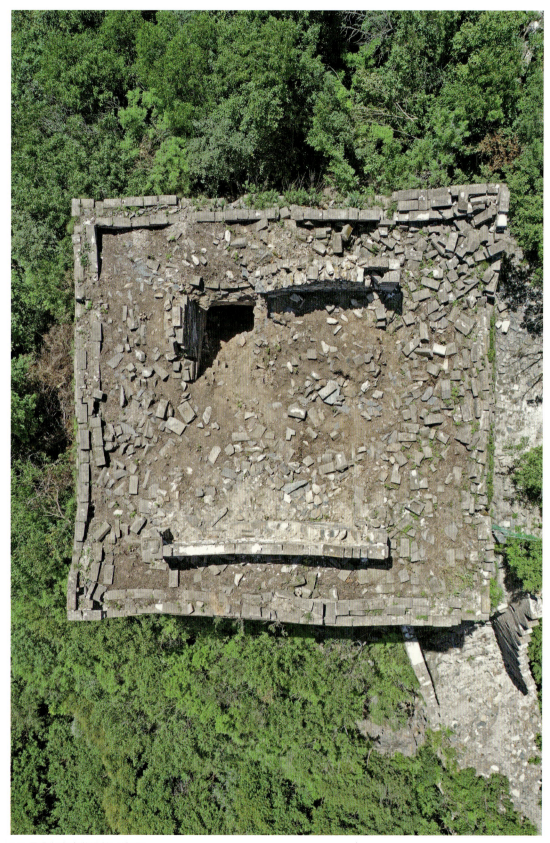

141 号敌台考古发掘前（俯视）

141号敌台考古发掘后（俯视）

141 号敌台顶部火炕遗迹（东南—西北）

141 号敌台顶部棋盘砖

143 号敌台西暗门内侧（东南—西北）

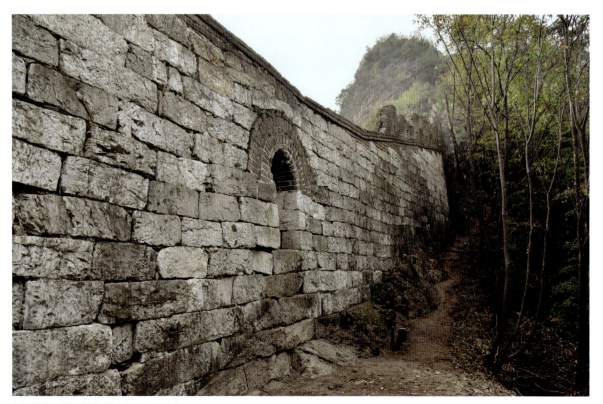

143 号敌台西暗门外侧（东北—西南）

东城区明清时期
正阳桥遗址

正阳桥遗址位于东城区前门步行街北口，正阳门箭楼正前方，东南为大北照相馆，西南为月盛斋。遗址南部为步行街及两侧绿地，有两条运营的铛铛车轨道纵跨遗址区。遗址北部为市政道路。

为了深入挖掘中轴线历史文化内涵，丰富中轴线南段历史文化遗产，经国家文物局批准，北京市考古研究院于2021年8月至9月对正阳桥遗址开展了考古发掘工作。

正阳桥遗址包括桥址本体、东西两侧河道及南北两侧道路等。关于正阳桥本体的风貌在明《皇都积胜图》、清《康熙南巡图》《乾隆南巡图》及相关老照片中均有较为明确的表现，为三券石桥。桥面分三路，中间为御路，只供皇帝出行。据1919年市政公署修桥时的勘测记录，桥面宽十丈三尺，长七丈五尺；两端燕翅各长三丈一尺，宽十一丈一尺五寸；两端海漫石各长一丈零五寸，宽十二丈二尺六寸。据

镇水兽出土现场

镇水兽全貌

镇水兽局部

镇水兽局部

王世仁先生研究，桥的中线与箭楼间的距离为58.5米；正阳桥长约43.41、宽36.20米，东、西引桥各长3.1、宽约39.2米，雁翅长约10、宽约35.68米。

《明英宗实录》卷五十四记载，明英宗正统四年（1439年），增修了瓮城、箭楼、左右闸楼，并疏浚城壕、修建石桥。据此可知，正阳桥石桥始建年代当为明正统四年，之前为木板桥。

民国时期，由于城市发展的需要，正阳桥被改造。根据王世仁先生记述，1919年加宽桥身两侧，拆去砖拱，改成混凝土拱桥。同时加长分水石，原券脸石拆后安至新拱桥外侧。降低桥拱与道路相平，改桥面石，撤去石栏杆。20世纪50年代，石条被拆除，改成沥青路面。20世纪70年代，护城河加盖，道路改造，正阳桥彻底从地面上消失。

通过考古发掘，在正阳桥遗址东南部清理出一具镇水兽。镇水兽用青石雕刻而成，俯卧在石板上，形态浑厚大气，造型生动逼真。

镇水兽身体整体大致呈西北—东南向，方向135°。头朝东南，向下探向水面。身体及尾部均向内弯曲。臀部及外侧腹部浑圆，四条腿紧紧抓在石板上。身被鳞甲，局部饰祥云纹。外侧完好，内侧即靠近河道的一侧有残损，残损部分包括部分背脊、左前腿、左后腿及臀部。

镇水兽身长3、宽1.2～1.4、高0.48米。头似狮，头顶有两个犄角，均有残损，右边犄角残长0.4米，左边犄角残长0.2米。两眼圆睁，眼球硕大溜圆，直径6厘米，眼球上刻数圈同心圆。眼睛上面为粗壮的眉骨，上饰桃形纹饰、弦纹及云纹，眉长24厘米，粗4～8厘米，右眉残损。高鼻，鼻头肥圆，两侧为宽宽的鼻翼，宽26厘米。嘴巴扁长，微张，嘴角处的须毛似火焰状。耳朵椭圆形，长径20、短径10厘米。耳后饰有两个涡旋云纹，涡旋纹一上一下，直径7厘米。颈部有鬣鬃。由于遭到破坏，左侧保持完好的有3缕，最下侧一缕5根，鬣毛长约40厘米（弯曲长度约60厘米）；中间一缕6根，长45厘米（弯

镇水兽头部

镇水兽脸部

曲长 50 厘米）；上边一缕 5 根，长 35 厘米（弯曲长 45 厘米）。右侧保持完好的 4 缕，每缕 6 根，最下一根长 63 厘米，另外 3 根长 66 厘米（弯曲长 73 厘米）。颈下部为鳞片纹。

脊背正中的背骨凸出，脊骨左、右各饰一大片勾连云纹。腹部满饰鳞片纹，鳞片宽约 0.1～6.5、长约 8～16 厘米。

臀部浑圆，尾巴粗壮，外表均饰鳞片纹。尾巴长约 60 厘米（弯曲长约 92 厘米），粗 11～17 厘米。

右前腿弯曲 90°，肘部向外。上肢外侧饰云纹，下侧饰鳞片纹、云纹；下肢外侧饰层叠云纹，共 6 层，每层宽 3～6 厘米，内饰鳞片纹。四个爪子紧紧抓在石板上，部分被混凝土黏结。上肢长约 40 厘米，下肢长约 35 厘米，爪长 12～14、宽 4～6 厘米。右后腿弯曲幅度较大，几乎

呈折叠状，满饰鳞片纹和云纹。上肢长 50 厘米，下肢长约 45 厘米，爪长约 12～16、宽约 5～7 厘米。左前腿上肢一部分损坏残缺，下肢前侧饰层叠云纹，内侧饰鳞片纹。残长 22 厘米，爪子长 12～14、宽 4～6 厘米。左后腿残损严重，仅剩爪痕。爪痕长 12、宽 20 厘米。

镇水兽所在石板长 2.94、宽 1.2～1.4、厚 0.35～0.38 米。东南角呈圆弧状。靠近尾巴处的石板表面雕刻有水波纹。

镇水兽下清理出 4 层石条，第一层厚 43～45 厘米，第二层厚 52 厘米，第三层厚 50 厘米，第四层揭露深度 10 厘米。总深 1.52 米，未及底。由此可以确认，镇水兽为原位遗存，其位置未经扰动。

关于镇水兽年代，《明英宗实录》卷五十四记载，正统四年，增修了瓮城、箭楼、左右闸楼，

并疏浚城壕、修建石桥。据此判断镇水兽应为此时同石桥一起建造。另外，与北京地区有明确年代的元、清镇水兽进行比对，该镇水兽造型浑厚大气，雕刻线条流畅精练，亦为明代艺术风格。综合判断，此次发掘出土的镇水兽应为明代正阳桥遗存。

关于镇水兽其名，明人叶盛撰《水东日记》卷九记载："又闻鸱吻者一母生九子，如好声者曰蒲牢，钟钮之类是也；好饮者曰蚣蝮，石桥两旁俯水兽也。"可知镇水兽其名为蚣蝮。

关于镇水兽材质，经科技检测分析，主要矿物质元素为硅、镁、铝，为泥岩。主要成分为长石和石英，比灰岩结实、硬度高、耐酸，抗腐蚀性能好。

关于镇水兽位置，从其所在正阳桥遗址整体空间中的位置来看，当为正阳桥遗址东南侧的一具。如未经人为扰动，在桥身的另外三个角上还应各有一具镇水兽。

正阳桥是北京中轴线上的标志性建筑之一，是正阳门外护城河上的桥梁。正阳门最初为明代都城外城正门。明嘉靖时期增建永定门及两侧城墙后，正阳门变为都城内城正门。之后的格局再未发生变化。正阳门因其位于都城的中轴线上，且是最初规划的都城正门，故其在九门中规制最崇。正阳桥同正阳门一样，在明清都城内城九门外桥梁中规制最高、规模最大。整体来说，正阳门城楼、瓮城及箭楼、护城河最初兼具防御和礼仪双重功能；增建外城后，正阳门城楼、箭楼、正阳桥、五牌楼所组成的建筑群更多的是一种礼仪表达。

此次正阳桥遗址镇水兽的发现，为厘定明清时期正阳桥空间地理位置提供了精准坐标。镇水兽作为正阳桥的附属遗存，其有如此体量，也合乎规制，体现了都城规划中以"中"、以"南"为尊的理念。

（执笔：张利芳）

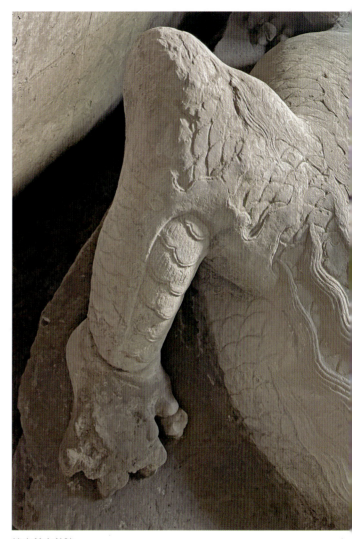

镇水兽右前肢

镇水兽颈部鬃鬣

虚空同体殿 F3 灶及地龙

虚空同体殿 F3 灶及地龙

虚空同体殿 F3 地龙

虚空同体殿 F3 东侧磉墩及散水

静思报恩殿 F2

静思报恩殿 F2

成，外皮石块比较规整，内里填馅。

房址东、西两侧均残存方砖墁地散水，外侧侧栽一排牙子砖。东侧散水北段保存较好。

静思报恩殿（F2）位于万寿寺东路遗址区中部偏南，北距明代建筑约13.5米，抱厦东北角被晚期道路叠压。坐东北朝西南，方向30°。平面呈"凸"字形，前带廊，后带抱厦。残存基槽、条形基础、夯土芯。

其基础为"满堂红"，基槽长17.5、宽4.7米，抱厦长5.0、宽3.9米，深0.55～0.6米，底部夯筑一步三合土。后在周围砌条形基础，中间为夯土芯。

房址平面长方形，面阔五间，进深一间，通面阔16.6、通进深3.8米。四周条形基础系用大小不等的石块砌成，外皮石块比较规整，内里填馅。中间为夯土芯，由杂土夯筑而成，内包含大量砖块、瓦片。

抱厦面阔、进深均为一间。平面正方形，面阔4.1、进深4.1米。四周条形基础系用大小不

等的石块砌成，外皮石块比较规整，内里填馅。

前廊基础宽2.31米，廊宽1.5米。其北侧条形基础借用房址的南侧基础，条形基础东西向均外延，连通虚空同体殿东、西两侧游廊。

抱厦北侧残存一段甬路，局部被晚期道路和假山叠压。方砖墁地，南北残长1.8、东西宽2.3米，方砖规格为40厘米×40厘米×5厘米，东、西两侧各侧栽一排牙子砖。甬路南部和抱厦相接。在抱厦东侧有一段蜿蜒走向甬路，残存中间方砖墁地，应为晚期甬路。

假山不规则形，用大小不一的石块砌成，东西残长约8.0、最宽处约2.2米。西端有2步如意踏步，均为自然石条。

西静院正房（F4）位于万寿寺东路遗址西部，坐东北朝西南，方向120°。平面呈长方形，面阔三间，进深一间，前后带廊。残存基槽、条形基础、夯土芯、灶、磉墩等，其周围还分布有墙基、甬路、散水等其他遗迹。

其基础为"满堂红"，基槽长9.7、宽5.7米，

静思报恩殿 F2 抱厦北侧甬路及假山

西静院正房 F4

西静院正房 F4

清代元光门墙址及明代建筑 F1

底部夯筑一步三合土。四周条形基础系用大小不等的石块砌成，外皮石块比较规整，内里填馅。中间为夯土芯，由杂土夯筑而成，内包含大量砖块、瓦片。西侧条形基础上有一长方形礤墩，青砖砌成。

前廊廊宽约 1.4 米。条形基础系用大小不等的石块砌成，外皮石块比较规整，内里填馅。北侧条形基础借用房址的南侧基础，连通 F2 西侧游廊，两侧条形基础间为夯土芯。

西部有灶，平面近长方形，东西长 2.0、宽 1.1、高 0.3 米。四壁用残青砖垒砌，白灰勾缝。顶部见红烧土。

其北侧有一处晚期房址、甬路及散水，房址残存部分条形基础。其西南侧有一道大墙。

明代建筑遗址（F1）位于万寿寺东路考古发掘区中部，叠压于清代元光门及院墙下，开口距地表 0.2～0.4 米。坐东北朝西南，方向 30°。残存台基、土衬石、台帮、柱顶石、条形基础、夯土芯等。台基直方型，平面近方形，长 6.5、宽 5.8、残高 0.55 米。台帮仅存陡板石，阶条石、角柱石已不存，陡板石之间用拉扯加固。台基中央存柱顶石 1 处，另有 3 处长方形坑。条形基础

内为台基芯，三合土夯筑而成，夹杂大量碎石块。

民国时期建筑（F5）仅清理出南半部，长 11.2、残宽 2.6 米。门前残存方砖甬路。

南房、虚空同体殿、静思报恩殿、西静院正房之间均有游廊相互连通。元光门、屏门门址已不存，其底部基础及两侧院墙基础尚存。本次发掘过程中，在屏门东侧大墙顶端还发现了万寿寺东墙基础，因压于现状墙下未发掘，系用石块砌成虎皮墙，其宽度当略大于现状东墙。

万寿寺倒座房现存两间，其余各间地上部分已不可见。经考古勘探可知，其地下建筑基础保存尚好，格局与清代"样式雷"图档相同，因保护古树未对其进行发掘。

十方堂现存三间，其余五间地上部分已不可见。经考古勘探可知，其地下建筑基础保存尚好，亦因保护古树未发掘。

张居正《敕建万寿寺碑文》记载："中为大延寿殿五楹，旁列罗汉殿各九楹。前为钟鼓楼、天王殿，后为藏经阁，高广如殿。左右为韦驮、达摩殿各三楹，修檐交属，方丈疱湢具列。又后为石山，山之上为观音像，下为禅堂、文殊、普贤殿，山前为池三，后为亭池各一。最后果园一

明代建筑基址 F1

明代建筑基址 F1

东侧游廊

东侧游廊散水

西侧游廊

项，标以杂树，琪株璇果旁启，外环以护寺地四项有奇。"①据此，可以大致了解其初建时的建筑布局。寺院初建时第一进为山门到天王殿院落，东、西两侧分立钟鼓楼。第二进为天王殿到大延寿殿院落，大延寿殿为寺院正殿，五开间，东、西两侧各为九间的罗汉殿。第三进为大延寿殿到藏经阁院落，藏经阁与大延寿殿同为五开间，东侧为三间韦驮殿，西侧为三间达摩殿。《帝京景物略》记载："（万寿寺）中大延寿殿，五楹，旁罗汉殿，各九楹。后藏经阁，高广如中殿。左右韦驮、达

———————————

① 〔明〕张居正：《张太岳文集》，明万历四十年唐国达刻本。

西侧游廊磉墩

西侧游廊踏步

摩殿，各三楹，如中傍殿。方丈后，辇石出土为山，所取土处，为三池。"②可与张居正所撰碑文相互印证。

清朝初年，万寿寺曾遭火灾，在康熙、乾隆、光绪时期都有过大规模的修建活动，每次重修，寺院格局都有所变化。乾隆年间，寺院两次重修。乾隆十六年（1751 年），崇庆皇太后六十寿辰时的重修工程主要集中在寺院的东、西两路，中路格局基本未变。西路行宫的南侧增加了两组两进的四合院式建筑，分别为寿茶房和寿膳房，属

② 〔明〕刘侗：《帝京景物略》，北京出版社，1963 年。

于行宫的服务用房。东路则将原来的钟楼和药王殿拆除，改建为包括十方堂、斋堂、厨房、库房等建筑在内的十方院，作为寺院生活空间。此外还扩建了原来位于东路北侧的方丈院。

通过考古发掘工作，基本弄清了清代万寿寺东路的建筑布局，并可与"样式雷"图相互印证。除清代建筑外，发现的明代和民国时期建筑遗址及其相互之间的关系，对研究万寿寺的历史沿革具有重要作用。F1 平面近方形，似与明代万历三十五年（1607 年）加建的华严钟楼密切相关，在乾隆十六年（1751 年）被拆除，仅存建筑基址。本次考古发现为研究明、清、民国时期万寿寺建筑的工程做法、形制提供了新的实物资料，进一步丰富了大运河文化带的文化内涵。

（执笔：张中华、张玉妍、张利芳）

西侧游廊

海淀区清华大学
清代古桥及河道遗址

为配合清华大学新化学馆建设，2021 年 8 月 17 日至 9 月 30 日，经国家文物局批准，北京市文物研究所（现北京市考古研究院）对清华大学新化学馆项目前期考古勘探中发现的古代遗存进行了考古发掘，清理出古代木桥遗址及河道 1 处。

遗址位于清华大学西北部化学馆北侧，隔中关村北大街与长春园如园遗址相望。

桥址保存状况一般，仅存东、西两侧桥台及燕翅和位于河道中的用以支撑桥面的两排柏木桩。

桥台及燕翅由石条夹杂石块砌成。东侧桥台南北长约 6 米，东西宽约 1 米。燕翅由上下 3 块长石条构成，桥台由若干不甚规整的石料堆砌而成，其中有部分为废弃的建筑构件。在燕翅与桥台之间的石缝中均有 1 根柏木地桩。西侧桥台及燕翅亦由石条夹杂石块砌成。桥台南北长约 6 米，东西宽约 1 米。结构与东侧桥台类似，在燕翅与桥台之间的石缝中亦有 1 根柏木地桩。

柏木地桩南北 2 排，排间距 2.6 米。每排 6 根，相邻两根木桩之间的距离为 2.2 ～ 2.4 米，靠近东、西两岸者间距略小，河道中央者间距较大。木桩露明部分长 0.60 ～ 1.02 米不等，直径 16 ～ 22 厘米。木桩下部插入河道底部泥土中。经解剖，木桩总长 3.2 ～ 3.6 米。

以两侧桥台计算，桥长约 12 米，宽度根据南

桥址（东—西）

木桥遗存及河道（南—北）

柏木地桩

北两排木桩之间的距离测算至少不小于 2.6 米。桥面无存，从残存于河道中的两排木桩推断，该桥原应是一座木板桥。

桥台做法为，先开挖基槽，然后在基槽底部打柏木钉，之后在基槽内临水一侧砌筑石条、石块，最后在基槽内填充黑褐色黏土，夯实。基槽长 4.8 ～ 5、宽约 1.5、深 0.55 ～ 0.8 米。柏木钉南北 5 排，每排 17 根，直径 2 ～ 3 厘米，长 90 厘米。

河道大体南北向，口宽 7.5、底宽 12、深 2.2 米。

清工部《工程做法》记载，遇有地基松软或临水建筑时，地基使用木桩加固，以柏木、杉木及红松较好。木径小且短的称为地钉。桥基临水，地基不牢，故在两侧桥台位置用柏木地钉加固基础。河道内的两排木桩则用来支撑桥面。

根据文献图档资料记载，结合考古发现，初步判断目前所揭露出的这段河道为圆明园五园之熙春园、长春园外围河道，从熙春园流出，沿长春园东侧流入清河。

该段河道连同桥址的发现，为研究圆明园五园的布局、熙春园的位置、清代西郊皇家园林外围水系走向、水利遗存的工程做法等提供了实物资料。

（执笔：张利芳）

西侧桥台基础（局部解剖）

东侧桥台基础（南—北）

朝阳区
清代固伦和敬公主园寝

清代固伦和敬公主园寝位于朝阳区东坝乡西北部东岗子村西北约 200 米处。固伦和敬公主园寝周边地势西北高东南低，南临坝河，东临北小河，两河呈环抱式交汇于园寝东南部。该地块 GPS 定位坐标为北纬 39°57′55″、东经 116°54′02″，海拔 34 米。为配合建设工程的开展，2020 年 9 月至 2021 年 4 月，北京市考古研究院对该区域进行了考古发掘。

此次共发掘墓葬 3 座、驮龙碑 1 座、房址 5 座、水井 2 口、墙 7 条、排水沟 3 条、道路 1 条。结合文献资料以及考古成果，确定其为清乾隆第三女固伦和敬公主园寝。

遗址发掘区（上为北）

M1 墓道西侧拦土墙（东一西）

固伦和敬公主母孝贤纯皇后富察氏，其夫为科尔沁和硕毅亲王色布腾巴尔珠尔。其府邸和敬公主府位于北京市东城区张自忠路 7 号。

M1 位于发掘区西部，东邻 M2，开口于现代渣土层下。仅存地宫部分，地上月台、宝顶等均已不存。平面呈"甲"字形，墓葬夯土土圹范围南北总长 30、东西宽 18 米。墓葬由南向北包括墓道、三合土封门、挡券墙、门洞券、石门、墓室。推测该墓为固伦和敬公主与额驸色布腾巴尔珠尔合葬墓地宫。

墓道位于墓室南侧，南北长 17.5、东西宽 4.6 米，呈弧形向东南弯曲。墓道夯土面上有圆形夯窝，墓道中部有二次夯筑痕迹，第二次墓道开挖于第一次墓道之上。第一次墓道外两侧用青砖砌拦土墙，两侧拦土墙间距 5 米，下筑三合土。两次墓道底面呈多级台阶状，以下为硬三合土夯层，质地坚硬，厚 1.9 米。

封门分为两层，分别为三合土封门及挡券墙（即砖墙封门）。三合土封门位于二次墓道北端和封门砖墙之间，宽度 1.75 米。挡券墙位于三合土封门和石门之间，砖墙厚 1 米，残高 2.4 米，灰浆错缝平砌，其东、西两侧有二次打开的痕迹，与二次墓道壁重合。

门洞券位于挡券墙与石门之间，用青白石砌成，顶部为半圆形过洞式券顶。石门位于墓室南部，两扇石门中部均有一铺首衔环，高浮雕兽首、狮头、龙角、獠牙、口下衔浅浮雕门环。石门西面一扇呈开启状，门内有顶门石一块，已不在原位。

墓室部分南北长 6.2、东西宽 5.7 米。墓室除墙体和券顶用城砖砌成，其余均用青白石砌成。墓室墙体残高 1.8、厚约 1 米。券顶为五伏五券式半圆券，墓室内落空。券顶现已塌落，通高不明。顶部砖券用楔形砖，上厚下薄，砖缝间夹铁片，

M1 石门及门洞券（北—南）

再用白灰浆弥合。墓底全铺石板，石板下铺砖，砖层下为硬三合土垫底。

棺床位于墓室北部，由9块青白石石板砌成，南侧由3块石条砌成边沿，浅浮雕图案，以扒锔连接。棺床上设掐棺石两组，共4块，南北对放。较大一组掐棺石位于棺床正中，较小一组掐棺石位于棺床东侧。

金井位于棺床正中，并发现金井石盖。石盖为馒头形，井口与井盖呈子母口式。

墓室上部填土中出土少量建筑构件，墓室底部出土少量陶器、石器、铁器、铜器、木器、瓷器等，其中包括"乾隆通宝"3枚、髹漆棺板10块、木器2件。其中3块棺板阴刻描金藏文经文，并绘莲花、法轮、伞盖等图案。

M2位于M1东部偏南，紧邻M1，并打破M1外部夯土一角。坐北朝南，方向5°。该墓由墓室、墓道组成。

墓道位于墓室南侧偏西，平面呈梯形，南宽1.9、北宽1.96米，长3.8米。底部斜坡状，自南至北逐渐加深，南侧深0.2、北侧深0.7米，墓道底部为灰面。

墓室位于墓道北侧，平面呈长方形，竖穴土圹结构。土圹东西长7.6、南北宽6、深3.06米。墓圹内四壁原应砌有砖墙，墙与圹用三合土夯实。

M3位于发掘区的东部，M2东侧22.5米处。方向5°。墓室平面呈长方形，为双室砖圹墓，无墓道。该墓南北总长7.1、东西宽7.5、深2.1米。

M1 石门铺首衔环

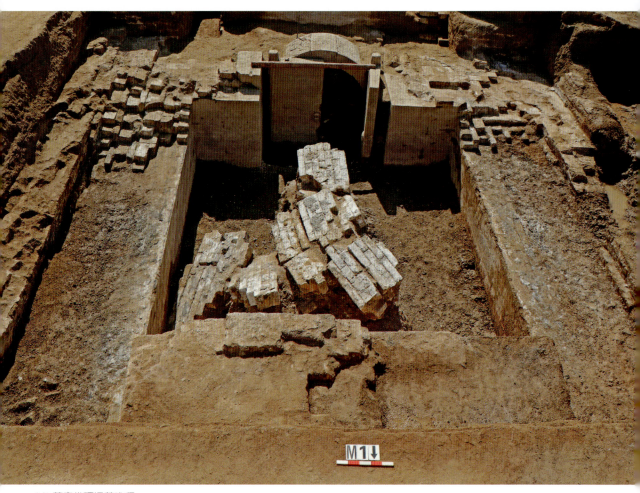

M1 墓室券顶塌落堆积

　　墓室外部一周砌三合土圹。土圹内砌砖圹，砖圹上部被拆毁，夯土内壁遗有砖痕。砖圹内砌东、西两个墓室，中间用条石砌墙相隔。东、西墓室内下部各有一长条形方坑，上口小，下口大，呈覆斗状。整个墓室底部有三合土夯层。墓室填土中夹有大石条等建筑构件，并出土少量青花瓷片和绿釉琉璃残块、黄釉琉璃筒瓦残片。

　　在墓葬发掘区南部约 30 米处发现乾隆谕祭驮龙碑 1 座，已断为三截。碑文一面有"科尔沁和硕毅亲王固伦额驸色布腾巴尔珠尔碑文"字样，落款为乾隆四十一年（1776 年）；另一面有"谕祭于和敬固伦公主之灵"字样，时间为乾隆

五十七年（1792 年）。从碑文可明确为固伦和敬公主及额驸色布腾巴尔珠尔谕祭碑。

　　固伦和敬公主雍正九年（1731 年）五月二十四日生，为端慧皇太子（乾隆次子）同母妹，乾隆初封固伦和敬公主。乾隆十二年（1747年）三月下嫁辅国公色布腾巴尔珠尔，业居京师。乾隆五十七年六月二十八日公主去世，享年 62 岁。

　　额驸色布腾巴尔珠尔，博尔济吉特氏，《清史稿》记载为"世祖从女端敏公主、额驸班第孙。封科尔沁辅国公。尚主。乾隆十七年，进袭亲王。二十年，赐双俸，增护卫。坐纵阿睦尔撒纳，夺

M1 墓室（南—北）

M1 墓室招棺石

金井石盖（M1：40）

鸱吻（M1：3）

瓦当

棺板（M1：41）

M2

M2 出土青花瓷片   黄琉璃筒瓦（M2：4）

爵。二十三年，复以军功封亲王，授理藩院尚书、金川参赞大臣。被劾，复夺爵职幽禁。三十八年，复额驸金川参赞大臣，授领侍卫内大臣"。乾隆四十年（1775 年）病于军中，乾隆帝派御医驰驿前往诊视，终因医治无效去世。乾隆皇帝下诏复

其亲王爵，赐谥曰毅。后又在色布腾巴尔珠尔的领地为和敬公主建衣冠冢，衣冠冢位于今吉林省公主岭市区以北 5 千米处。

据《清代园寝志》所述，固伦和敬公主及额驸园寝葬在东坝城内，明代普惠生祠西侧，此次

0

M3

乾隆谕祭驮龙碑残碑

发掘区域位于该处西北。园寝原建有碑楼、宫门、红墙、朝房、享殿等建筑，月台上曾建有 4 座宝顶。民国时期，公主园寝曾遭多次盗掘。新中国成立后的文物普查中，记录了园寝中 2 座石狮子以及墓碑情况，并保有碑文拓片。其他地上建筑已不存。在此次发掘的地宫南侧仍保留古树群桧柏 40 余棵，应为公主园寝树木。

本次的考古发现首次确定了固伦和敬公主园寝的位置，其中 M1 墓葬形制保存较好，等级较高，为进一步研究清代园寝工程营建制度、建造技术提供了重要的考古资料。出土的髹漆描金棺板，其上的藏文经文为了解清代贵族的藏传佛教信仰提供了实物资料。

（执笔：张玉妍、张利芳）

科爾沁和碩毅親王固倫額駙色布騰巴爾珠爾碑文

朕惟旌門展力必資參聞之才冊府銘庸龍重折衝之畧溯承恩於

秉性篤誠程材勤練榮分穠李重帝室之舊姻慶衍封茅備天家之

星弧震野值乘勝以窮追汝則勇以濟忠少能制衆劾宣威於月窟

是切敬歷方深速偶蹟夫譽龍暫鐫顯秩實隱施夫鼓勵更策成勞

俄殷於是復厥崇封昭茲渥眷特遣尚醫而往診並令嗣子以偕行意

謚之曰毅於戲掃欃槍之兵氣方看銅柱先標問秋杜之歸期應悵錢

乾隆四十一年

乾隆谕祭驮龙碑碑文拓片局部

北京重要考古发现

Important Archaeological Discoveries in Beijing

2021—2022